江戸時代の四国遍路を読む

武田　和昭　著

江戸時代の四国遍路を読む　目次

概説

本書は江戸時代における四国遍路の諸相を解明しようとするものである。まず第一章は「江戸時代初期頃の四国辺路資料」とした。江戸時代初期頃、つまり慶長前後頃（一六〇〇年前後）から澄禅『四国辺路日記』（承応二年—一六五三）までの四国辺路の資料については、重要な事柄がいくつか確認されるが、これまであまり論じられることはなかった。特に土佐の中部地域に残されている石造物に関しては殆ど注目されることはなかったように思われる。まず天正十九年（一五九一）の「四国仲辺路七度成就逆修塔」にみられる「南無大師遍照金剛」は、四国辺路における明確な弘法大師信仰に基づく資料として特筆される。さらに「四国仲辺路」の刻字は室町時代後期の土佐・一之宮本殿、伊予・浄土寺本堂、讃岐・国分寺本尊などの「四国中辺路」と異なり興味深い。七度の四国辺路の成就者・美作の円心なる僧侶がいかなる理由で、ここに建立したのであろうか。逆修供養の意味とともに今後の課題である。また慶長六年（一六〇一）の「辺路宿供養塔」は真念『四国辺路道指南』や江戸時代の遍路日記にみられる「善根宿」の存在が慶長期まで遡るものとして興味深い。さらに寛永三年（一六二六）の「辺路札供養逆修塔」も看過できない。辺路札とは納札のことと考えられよう。納札は西国三十三観音霊場においては、古い板の納札が残されているが、四国辺路の場合は真念『四国辺路道指南』の時代には紙札が主流である。しかし澄禅『四国辺路日記』の伊予・太山寺の項に「板札」の記事がみられるように、四国辺路においても古くは、板の納札と考えて差し支えないであろう。この石塔は、板札を供養したと考えられるが、どのような方法であったのかは不明である。なお頼富本宏師は室町時代後期の土佐・一之宮、伊予・浄土寺、讃岐・国分寺の建物や仏像の落書は、納札の意味を持つとの見解を示された。そうとすれば、これは単なる落書ではなく、四国を巡る辺路者の貴重な墨書とされよう。したがって、これまで「落書」とされてきたが、本書では「墨書」と表記した。

次に澄禅『四国辺路日記』は江戸時代初期の四国辺路の実態を克明に記したもので、四国辺路の歴史的研究を行う上で最も重要である。各札所の景観とそこに力強く生きる住持の姿、札所以外の小さな寺院の僧侶など、戦国時代を過ぎ、復興しつつある地方の寺院の様子が見て取れる。また数多くの辺路衆との出会いの記事は興味深い。本格的な修行者と弘法大師に対する篤い信仰を持つ俗人など様々の人物が登場するが、筆者が関心を持った一人に但馬国銀山の米原源斎がいる。熱心な大師信仰者で四国辺路をした後、讃岐白方屏風ケ浦の仏母院の御影堂の修復に尽力した。ただ、ここにみられる弘法大師は父をとうしん太夫、母はあこや御前とし、白方屏風ケ浦で出生したとする奇異な弘法大師伝に基づくものである。実はこの頃（室町時代末期～江戸時代初期）、弘法大師の出生地を善通寺とする正史とは異なり、白方屏風ケ浦とする奇異な弘法大師伝が広く知られていたのである。これがやがて『説経苅萱』「高野巻」に取り込まれ、「さてこそ四国辺土（辺路）は、八十八か所とは申すなり」とあり、四国辺路八十八ケ所の文言の最初とされている。なお、この他にも先記した伊予・太山寺で肥後・人吉藩の犬童播磨守と記した板札の存在が知られ、武士階級の人物が四国辺路に参加していたことは貴重な情報である。『四国辺路日記』以外にも文禄二年（一五九三）文殊菩薩騎獅像（愛媛・三角寺蔵）、慶長三年（一五九八）駅路寺文書（徳島・安楽寺蔵など）、明暦四年（一六五八）「廻り手形」（個人蔵）などがあり、この時期の貴重な資料が知られ、これら江戸時代初期頃の辺路資料を再考することにより、四国辺路の歴史の一面がより明らかになるであろう。

次いで第二章は「四国辺路における大辺路・中辺路・小辺路考」である。紀伊半島の南端に位置する熊野三社は古代〜中世には「蟻の熊野詣」と称されるほど数多くの人々に信仰され、現在にいたるまで参詣者は絶えない。その参詣路には大辺路・中辺路・小辺路の存在が知られているが、これと同様に四国辺路にも大・中・小辺路が存在することを、はじめて論じられたのが近藤喜博氏である。近藤氏は四国の海辺全体を巡るものを大辺路、土佐の中ほどから伊予松山に貫ける道、つまり四国の半分を巡る道を中辺路とされた。ついで宮崎忍勝師は四国全体に存在する修行地を「辺路―へじ」と称し、四国中に存在する辺路（修行地）を「四国中辺路」と考えられている。高木啓夫氏は小遍路を高野山へ三十三度の参詣、中遍路は順打ち二十一度の四国遍路、大遍路とは四国遍路二十一度とその逆打ち七度と考えられ、四国遍路以外に高野山との関係も含まれているが、他の論稿とはかなり異なる考えである。五来重氏は小地域の行場を巡る修行を小行道、一定の距離をおいた二地点を往来するのを中行道（土佐の場合は東寺〜西寺）。四国全体の海辺をめぐり修行するのが大行道とされた。頼富本宏師は「四国中辺路」とは四国の中に存在する霊場を辺路する、つまり「四国中、辺路」ととらえられている。これは宮崎忍勝師と同様の考えであろうか。

胡光氏は伊予・浄土寺、土佐・一之宮、讃岐・国分寺の建物や仏像にみられる「四国中辺路」について、「四国中、辺路」か「四国、中辺路」のいずれかであるかを考察され、後者との考えを示された。ついで元禄元年本『奉弘法大師御伝記』にみられる「大辺路、中辺路、小辺路」についても詳しく考察され、中辺路は八十八ケ所巡り、大辺路は八十八ケ所成立以前から存在する「辺地修行」の系譜を引くもの、小辺路は阿波一国参りや十ケ所巡りなどの小地域を巡るものとの結論を示されたのである。この論考は江戸期の四国辺路の成立論に大きな意味を持つ重要な指摘であった。寺内浩氏は前記した胡氏の説に対し、大辺路、中辺路については支持できるが、小辺路については大辺路、中辺路が四国全体を巡るのに、小辺路だけが限られた地域であるのは支持できないとされた。そして大辺路と中辺路の相違が札所の数であるとするなら、小辺路は中辺路よりも数少ないものであるとし、八十八カ所成立期あるいは、それ以前からの抽んでた重要な札所を巡るのが小辺路であるとされた。以上、六氏による四国辺路の大辺路、中辺路、小辺路考で、それぞれ興味深い見解である。

筆者の見解は「大辺路、中辺路、小辺路」の文言は元禄元年版『奉弘法大師御伝記』（以下、『御伝記』）の作者による創作、造語であると考えている。『御伝記』は慶長頃に作られたとみられる『弘法大師空海根本縁起』（元禄十二年写本・個人蔵）を元にしたもので、内容的には酷似している。ただ根本縁起には「四国辺路、四国中辺路」のみが記されるが、『御伝記』では「大辺路、中辺路、小辺路」に変化している。筆者は胡氏の説について基本的に首肯されるが、この文言は元禄元年頃（一七〇〇年前後）のみに適用されるもので、これを元禄頃以前に遡及させて論じることには問題がある。『御伝記』の「中辺路」と十六世紀に見られる「中辺路」は成立過程が異なるので、これを同一に論じることはできない。

第三章は新たに見出された資料の「新出の天和四年・出釈迦寺版『日記』」である。平成十九年に内田九州男氏は伊予・玉井家文書の中から『(ユ) 奉納四国中辺路之日記』（以下、『元禄元年版日記』）を見いだされ、次年に詳しく紹介された。この日記は巻子本で、巻首に修行姿の弘法大師が見られ、ついで八十八箇の区画を設け、それぞれ「本尊名、本尊像、里程、詠歌」が記される。末尾には「空海（御手判の渦文）元禄元年土州一宮長吉飛騨守藤原□□」が確認できる。興味深いのは八十八ケ所の順番が真念『四国辺路道指南』では六〇番横峰寺→六一番香園寺→六二番一之宮→六三番吉祥寺→六四番里前神寺→六五番三角寺であるが、『元禄元年版日記』では澄禅『四国辺路日記』と同様で一之宮→香園寺→横峰寺→石鎚山→吉祥寺→三角寺として異なるのである。つまり『元禄元年版日記』は澄禅時代の巡路に従うもので、古い形態を示している。このことは澄禅『四国辺路日記』の中に、しばしば記されている「辺路札所の日記」、「世間流布の日記」と『元禄元年版日記』が、よく似た日記であると内田氏は指摘されておられる。

さて近時、筆者は『元禄元年版日記』と酷似した天和四年（一六八四）三月二十一日に出釈迦寺から刊行された日記を披見する機会に恵まれた。この日記は残念ながら阿波・焼山寺より前の札所が欠失しているが、それより以後は大窪寺まで各札所が区画を設けて、本尊像、札所名、本尊名、里程、詠歌が、『元禄元年版日記』と同様に確認される。札所順は先記した『元禄元年版日記』とほぼ同様であることは重要である。そして何よりも、その刊行年が元禄元年よりも四年遡る天和四年であるとともに、刊行場所が出釈迦寺であることは興味深い。出釈迦寺は天和頃に新たに札所として創建された寺院である。このことは寂本『四国徧礼霊場記』に「むかしより堂もなかりきを、ちかき比宗善という入道のありけるが、こころさしありて、麓に寺を建立せりとなり」とある。つまり、かつては出釈迦山禅定が札所であったが、俗人遍路の増加に伴い、急な坂道を登る不便を感じて、宗善という僧が麓に出釈迦寺を建立したのである。本日記は末尾に「我拝師山出釈迦寺」とともに「天和四年三月二十一日、開板」が確認される。宗善という名前が見えないものの、本日記に寺の創建者・宗善が関与したことは間違いないであろう。そして刊行日の天和四年三月二十一日は弘法大師の八百五十年忌の記念すべき日でもある。一方、真念『四国辺路道指南』の末尾には「八十八箇の精舎歴々とし、緇素・老若、今に歩を運ぶ。某甲其流に浴する事年久し。ひととせ大師八百五十年忌の春、宿願弥芽し、四国辺路道しるべをし、（後略）」とあり、真念が『四国辺路道指南』の刊行を決意した時と本日記の刊行年月日が重なるのである。ここから想像されることは真念と宗善とは直接、会話をしたのではなかろうか。札所として出釈迦寺を創建し、さらに本日記を刊行して、四国遍路の発展を願い活躍する宗善の姿に触発され、真念は『四国辺路道指南』の刊行を志したと推察した。

第四章は安政の南海地震に伴う論稿で「安政六年の『四国順拝道中略記』と三ケ国遍路」である。嘉永七年（一八五四）十一月五日、紀州・土佐沖の海で大きな地震（安政の南海地震）が起こり、四国では土佐湾、伊予南部、阿波南部などの地域が大津波により大きな被害が発生した。海沿いの道筋が傷み、番所なども損壊したため、土佐藩や宇和島藩では遍路者の入国禁止の措置がとられた。これにより土佐国と伊予・宇和島藩領の札所に参詣、納経できない、いわゆる三ケ国遍路となったのである。この変則的な四国遍路は明治四年まで、約十八年間続けられたことが、残されている納経帳から判明する。ただ、この形態も明治維新とともに関所・番所制度の廃止などが行われたことから明治五年（一八七二）には、四国遍路は地震発生前と同じ八十八ケ所全体を巡る遍路が復活したことは喜ばしい。その後、明治・大正・昭和時代には、江戸時代と同様に四国遍路の隆盛が見られるのである。ただ三ケ国遍路のことは地震発生から百年程が過ぎた昭和五十年頃になると、すでに忘れられた存在となっていた。昭和五十六年に森正史氏は土佐国・宇和島藩領の札所が欠けた文久三年（一八六三）と明治三年（一八七〇）の納経帳について考察され、三ケ国遍路は土佐藩による厳しい遍路対策によるものと考えられた。その後、板東章氏や喜代吉榮徳師も三ケ国遍路の納経帳について考察され、「土州十七ケ所遥拝処」、「宇和島四ケ所遥拝処」の存在を指摘されたが、やはり南海地震との関連については述べられていない。昭和六十二年になり、ようやく喜代吉師によって南海地震に起因して三ケ国遍路となったことが解明されたのである。この重要な提言により、三ケ国遍路の研究は稲田道彦氏や新居正甫氏などに引き継がれ、より詳しく解明が成されてきた。

現段階で判明していることは三ケ国遍路は嘉永七年（一八五四）～明治四年（一八七一）までの約十八年間で

あること。「土州十七ケ所遥拝処」は二三番薬王寺、「宇和島四ケ所遥拝処」は四四番大宝寺または四五番岩屋寺、さらに四七番八坂寺と四八番西林寺との間の寺院など、複数箇所で納経されていたことなどが判明している。これらのことは、数多く残されている納経帳を元に考察されたもので、言わば状況証拠からの結果である。筆者はこれらの事象について、納経帳以外の明確な資料の出現を望んでいたが、幸いにも安政六年（一八五九）の『四国順拝道中略記』を披見する機会に恵まれた。この記録は阿波住人の女性二人と男性一人の三人によるもので、安政六年三月二日に出立し、まず一二番焼山寺からはじめ、一九番立江寺などを経由して二三番薬王寺に至り、次の様に記している。「同八日晴天　右宿ニ荷物預ケ薬王寺并ニ土州十六ケ所此處に而納札仕打戻り金打村ニ而逗留」とあり、二三番薬王寺に於て「薬王寺と土州十六ケ所」の納経が行われたことを記している。なお「土州十六ケ所」は月山を含めた「土州十七ケ所」が一般的である。その後、いったん実家に戻り、本家の法事を済ませた後、再開し吉野川を遡り箸蔵寺、六五番三角寺を済ませて西条、今治、松山の札所を巡り久万高原の四五番岩屋寺、四四番大宝寺から直接、大戸に下るコースをとり、東に向かい讃岐に至る。大窪寺を終えて白鳥、引田、大坂峠越えで霊山寺に御礼参りして終了する。三十三日間の三ケ国遍路である。なお「土州四ケ所遥拝処」は「そこここで」納経できると記載されているが、これは納経帳から判明している複数で納経した記録とも合致している。さらに本日記には、宇和島の「安藤参り」についても興味深い記事がみられる。「安藤参り」とは寛政五年（一七九三）、吉田騒動とも言われる一揆を身を挺し、切腹して騒動を収めた安藤継明の廟所参拝のことである。本日記には「安藤参りを目的に遍路装束を普通の装束に替えれば宇和島藩領に入国が可能である」と記している。実際にどれ程の遍路がこれに従って宇和島藩領に入ったかは明確でなく、その証拠となる納経帳も確認できてない。しかし、これが可能であったとするなら、阿波から土佐の入国、つまり阿波古目番所から土佐東股番所も同様の理由で通過できたのではなかろうか。極めて興味深い記事といえよう。今後、関連資料の新出に期待したい。本日記は他の遍路日記に比べ、記載量は少ないが三ケ国遍路の実態を知る上で、納経帳からの状況証拠を裏づける貴重な記録である。

第五章は「安政の南海地震と四国遍路再考—新出の『安政七年~萬延元年納経帳』を参考として—」とした。本章は前章と同様に安政南海地震による四国遍路の形態の変化、つまり三ケ国遍路に関するものである。ただ本章では嘉永七年十一月から明治四年までの間は土佐国、宇和島藩領に入国できないと考えられている説に対して、四国全体を巡った納経帳に関わる論考である。三ケ国遍路の実態については、安政二年~明治四年までの納経帳(約四十冊)が知られ、これらの納経帳の分析から、すでに多くのことが判明している。まず留意されるのは、その殆どの納経帳には「土佐一国と宇和島藩領」の札所に納経した形跡が見られないことである。そして納経帳の中には「土州十七ケ所遥拝処」、「宇和島四ケ所遥拝処」の記載があり、前者は二三番薬王寺で、後者は四四番大宝寺、四五番岩屋寺などの寺院で納経が行われていたと見られている。このように幕末から明治時代初期の十八年間の四国遍路の納経帳の多くは三ケ国遍路となっていたのである。しかし興味深いことに、四国全体を巡った納経帳が現在のところ三冊確認されている。まず讃岐の土居由之助、土居満佐の二冊についてみると、この二人は夫婦の可能性があるが、詳しくは判明しない。由之助の納経帳表紙には「讃州　土居由之助」、満佐には「安政三年辰年五月吉良日」とある。両方とも発足日から帰着日、参拝順、納経月日がまったく同じであることから同行したとみて間違いない。ただし、この二人の他に荷物運びの「強力」などが随行した可能性も想定されるが、今は確認できない。二人の遍路行は安政三年(一八五六)五月二十四日に八三番一宮寺から始まり、八八番大窪寺を終え白鳥、引田に下り、大坂峠越えで一番霊山寺に至り、阿波、土佐、伊予、さらに讃岐に入り六六番雲辺寺から八二番根香寺で終わる。およそ三ケ月を越える夏季における長期の遍路行である。そして由之助の納経帳の二八番神峰には「奉納経　本尊後向秘佛十一面観音菩薩　安政三年辰年　七月二日　土州　竹林山神峰」とあり、満佐の納経帳の表紙の「安政三年辰年」の墨書と合わせ、この二人が安政三年に確かに四国全体を巡った四国遍路であったと考えられよう。筆者のこの考えに対して新居正甫氏は納経帳に書かれた「安政三年辰年」の文字が行間に窮屈そうに書かれていること、納経帳には元号を記さないことなどから、この納経帳は元来、十二年前の弘化元年（一八四四）辰年の納経帳であるとの説を提示された。つまり、この納経帳は後世に改竄されているというのである。この説に対して筆者は次のように考えている。まず行間に書かれた「安政三年」については、一方の納経帳は問題なく書かれており、墨の色、書体も疑問の余地はない。また元号については、江戸後期の納経帳には元号で書かれる例がいくつか確認されている。さらに幕末期の納経帳に捺された本尊印、札番印、寺印を細かく比較したが、その中で九番法輪寺の寺印に重要な要素を見いだすことができた。文政三年（一八二〇）納経帳の九番法輪寺の寺印は「法輪精舎」で、その後の弘化四年（一八四七）、嘉永六年（一八五三）まで続くが、嘉永七年（一八五四）三月になると「菩提道場」に代わる。その後、安政二年（一八五五）、文久四年（一八六四）、慶応四年（一八六八）もすべて「菩提道場」で、以後の明治、大正、昭和時代の納経帳も同様で現在も「菩提道場」である。嘉永七年は安政の南海地震の年であるが改印された三月は地震前で改印の理由は分からない。由之助、満佐の納経帳は二冊とも「菩提道場」印で、新居氏の言われる弘化元年のものとすれば「法輪精舎」でなければならない。このことからも由之助・満佐は明確に安政三年に確かに土佐、伊予・宇和島藩領に入り、四国全体を巡ったことは間違いないであろう。

次に土佐国安芸郡の男性（代参）の『安政七年〜萬延元年納経帳』についてみてみたい。一丁表に「二八番大日寺、閏三月十七日」とあることから安政七年（一八六〇）閏三月十七日に出立して二八番大日寺から札始め、その後は順に土佐、伊予、讃岐、阿波と巡り五月十八日に二七番神峰で納経は終わり、帰宅したものとみられる。このうち五九番国分寺、八一番白峯寺、八八番大窪寺には「萬延元年」の元号による納経日が記されている。この納経帳の月日、札所印、本尊印、寺印を詳しくみても改竄された要素はまったくみられず、間違いなく四国全体を巡ったものとみて差し支えはない。ただ土佐の人物であるので、四国全体を巡った具体例とするには、素直に認められないかもしれないが、何ら問題にするところは無い。

以上、四国全体を巡った三冊の納経帳を提示した。これらにより南海地震に起因して幕末~明治時代初期の間は三ケ国遍路であったと考えられていたが、僅かな例ではあるが四国全体を巡った事例があることを提示した。どのようにして土佐の番所を通過したのであろうか。第四章で述べた安藤継明廟所に参拝するため遍路姿を替えれば、宇和島藩領に入れた可能性を指摘したが、同様に遍路姿を替えたのであろうか。その解明のための新出資料に期待したい。

第六章は「納経帳・遍路日記からみた遍路道の変更―八八番大窪寺から阿波へのコース―」である。現在の四国遍路は団体バス、マイカー、徒歩など様々の形で遍路行が行われている。遍路者は、まずは一番霊山寺まで赴き、そこから札始めが行われ、八八番大窪寺で札納めして結願するのが主流である。しかし徒歩遍路以外に方法がなかった明治~大正時代頃以前は四国内の遍路者は住所地の直近の札所、四国外の遍路者は四国に上陸した直近の札所を始めとしてきた。その経路、つまり遍路道の順路についてみると江戸時代の真念『四国辺路道指南』が基準とされよう。しかし、この順路も時代とともに変化していくことが確認される。本章では主として八八番大窪寺から阿波への遍路道の変遷について考察するものである。

承応二年（一六五三）に四国辺路した京都・智積院の僧、澄禅は『四国辺路日記』を書き残した。この日記は当時の四国の札所の景観や札所に関わる人物などが詳しく記されており、四国遍路の研究に欠くことができない貴重な資料である。この日記に記されている大窪寺から阿波へのコースについて、澄禅は大窪寺から谷川に沿って長野村に至り、そこから阿波に入って切幡寺に到着している。

次いで真念『四国辺路道指南』には、八八番大窪寺の後に「これより阿州きりはた寺まで五里、ながの村、これまで壱里さぬき分。大かけ村、これより阿州分」とあり、大窪寺から讃岐と阿波の国境を越えて一〇番切幡寺へ向かうコースをとっているが、これは澄禅と同様である。次に細田周英「四国徧礼絵図」をみる。真念『四国辺路道指南』の出版により、元禄時代頃には遍路者の数は増加傾向にあると見られるが、宝暦～明和頃（十八世紀中期）になると、さらに増加した。宝暦十三年（一七六三）に細田周英により「四国徧礼絵図」が刊行されたが、これは遍路者の増加による時代の要請ともみられよう。この図は図上部が南方で、下部が北方であるが、これは大坂や備前から渡海し、丸亀に上陸して七八番道場寺から札始めすることを前提に作図されたと思われる。また遍路道の経路や札所、村名の表示、札所以外の霊場など、概ね真念『四国辺路道指南』に準拠している。さて八八番大窪寺から阿波へのコースをみると「ハラ井川→ナカノ→谷川→ヲヲカゲ→（中略）→十番切幡寺」となり、続いて九番法輪寺、または一一番藤井寺となっている。以上の三例からみると大窪寺からは、いずれも阿波・一〇番切幡寺へ向かうコースが示されているが、これは江戸時代初期から中期ころまでのことである。

次に納経帳から検討することとしたい。四国辺路の納経帳で最古クラスのものとして宝永七年（一七一〇）の六十六部・空性法師や宝永八年（一七一一）の六十六部・丹下弥右衛門が知られるが、この納経帳では大窪寺の次は一〇番切幡寺である。また四国辺路の初期的な納経帳の松山屋清兵衛の宝暦三年（一七五三）納経帳も同様に八八番大窪寺→一〇番切幡寺となっている。しかし明和三年（一七六六）の佐伯宣由の納経帳は大窪寺の次は一番霊山寺となり、さらに佐伯民治の安永七年（一七七八）納経帳も大窪寺の次に三番金泉寺→二番極楽寺→一番霊山寺となっている。この二冊の納経帳から推察すると大窪寺から讃岐平野に下り、白鳥大神宮に参拝して引田経由で大坂峠を越えて阿波に至ったと思われる。その後、享和元年（一八〇一）、文政十年（一八二七）納経帳など、大窪寺から大坂峠を越えて阿波に至るコースが確認できる。このことから江戸時代後期（十八世紀後期）には、このコースが主流となっていたことが分かる。ただ、すべてがそうでなかったことは、安永九年（一七八〇）の納経帳、さらに三ケ国遍路となった安政以降の納経帳には一〇番切幡寺のコースの例がみられる。特に南海地震による三ケ国遍路となった安政〜明治四年までの納経帳には、数多くの例があり、この時期の複雑な順路が知られる。

最後に遍路日記をみてみたい。延享四年（一七四七）の讃岐・佐伯藤兵衛の『四国辺路万覚日記』は八八番大窪寺に札納めした後、阿州ひがい谷へ入り、一〇番切幡寺、九番法輪寺に札納めをしている。寛政七年（一七九五）玉井元之進の『四国中諸日記』には八八番大窪寺に参拝したあと白鳥大神宮へ参り、大坂村で泊まり、その後、一番霊山寺、二番極楽寺などに参詣している。その後の天保四年（一八三三）の新延氏『四国巡礼道中記録』、弘化二年（一八四五）佐治氏の『四国日記』のいずれも大窪寺から白鳥、引田へのコースを進んでいる。

以上、澄禅『四国辺路日記』、真念『四国辺路道指南』や細田周英の四国徧礼絵図、さらに納経帳や遍路日記を考察したが、江戸時代中期頃（十八世紀中期）までは大窪寺から讃岐山脈を越えて一〇番切幡寺のコースのみであるが、後期以降からは八八番大窪寺で納経したあと、東讃の白鳥、引田に下り、大坂峠を越えて阿波に入り三番金泉寺・二番極楽寺・一番霊山寺に至るコースが主流となったことが判明する。四国遍路は四国をぐるりと一周する回遊型という。確かに徒歩遍路の時代は、それであったが、車社会となり、マイカーや団体バスが主体となった現在は、八八番大窪寺から一番霊山寺の間を巡る遍路者は殆ど存在しないと云っていいであろう。遍路道も時代とともに変化していくのである。

第七章の「四国霊場・月山と篠山考」は古くからの霊場として知られている土佐の月山と伊予・土佐の国境に所在する篠山についての考察である。数多く残されている四国遍路の納経帳の中に、僅かではあるが三八番金剛福寺の次に「守月山南勝寺（月光院）」、四〇番観自在寺の次に「篠権現」の納経がみられ、八十八ケ所以外の納経所の存在が確認できる。この月山と篠山は江戸時代には「オツキ、オササ」と称され、四国遍路にとっては特別な札納めの霊場であった。

まず月山から考察することにしたい。現在、月山神社には『土佐国幡多郡守月山略縁起』という月山に関わる縁起が残されている。この縁起は南照寺中興四世慶学法印により享保七年（一七二二）に再写したものであることから、その原本はかなり古いとみられるが詳しくは判明しない。多くの社寺縁起にみられる様に、創建は古代に遡り、役の行者や空海との関係が記されているが、その信仰の中心は三ヶ月形の霊石をご神体（月弓尊）とする月弓殿と別当の守月山月光院南勝寺（本尊勢至菩薩）である。この縁起とは別に天正十七年（一五八六）の『長宗我部地検帳』には守月庵領、月宮殿がみられることから、室町時代末期ころにはその存在が明確となる。おそらく、この頃には月山に対する信仰が多くの人達に知られていたと推察されよう。『南路志』によれば、「忠義公この地に本堂を建立しかれとも両度までも火災にかかり、その後は御造営も止まりける」とある。忠義公とは土佐藩の二代藩主のことで、その治政は慶長十年（一六〇五）から明暦三年（一六五六）までであることから、江戸時代初期には大いに盛んとなるが、二度までも火災にあい、その後は再建されることはなかったとしている。

このことは江戸時代の澄禅『四国辺路日記』にみられるように、ご神体とともに寺の存在は確認できるが、そこには内山永久寺に関わる山伏が住持となっていたものと見られ、この間の経緯を知ることができる。縁起にみられる弘法大師作「六字名号の版木」の存在から、天正から慶長頃には時衆系高野聖の念仏信仰により大いに栄えていたものとみられ、四国辺路の重要な札納め所となっていたであろう。しかし再度の火災により、澄禅の時代にはすでに規模は縮小となり、さらに真念『四国辺路道指南』では八十八ケ所の札所に含まれることは無かった。ただ、かつての隆盛を伝えるように八十八ケ所の横道（堂）として、本格的な修行遍路者などの札納め所として存在したものと推察される。

次に篠山の歴史をみてみたい。篠山は愛媛県南宇和郡愛南町と高知県宿毛市の県境に位置し、標高一〇六四・六メートルの高山である。その頂上には、かつて篠山権現が存在し多くの人々の信仰を集めていたが、明治時代初期の神仏分離により、篠山権現は篠山神社となり、別当寺の観世音寺は廃寺となった。

篠山権現は江戸時代前期の寂本『四国徧礼霊場記』の境内図には鳥居をくぐると一の王子があり、そこから坂を登れば平地に至る。そこには観世音寺とあり、三棟の建物があり、その傍らには辺路屋がみられる。さらに登ると右手に天狗堂、ついで鳥居があり、頂上には権現とあり、これが本社であろう。権現の近くには矢筈の池とその周辺に篠竹が生い茂っている。なお権現とは熊野三所権現であること、また別当の観世音寺の本尊が五尺の十一面観音であることは『四国徧礼霊場記』から判明する。この篠山権現はいつ頃に創建され、どのような展開を遂げたのかは明確にできないが、現在、残されている鰐口の銘には寛正七年（一四六六）とあることから室町時代中期にはその存在が知られる。おそらく熊野信仰を中心とするもので、熊野修験に関わる人物の存在を想定して問題はなかろう。なお四国辺路の歴史的展開の中で熊野信仰が大きく影響したことは、すでに先学によって指摘されていることであるが、この篠山も月山と同様に、かつては四国辺路の重要な札納め所であった可能性があろう。なお、この篠山は伊予と土佐の国境に存在したため、どちらに属するのかが問題となり、建造物の修復などは両国に分割されていたことも興味深い。

以上、月山と篠山についてその歴史を概観したが、明確な資料は見出せないものの、中世後期には四国辺路の札納め所であった可能性がある。さて江戸時代初期の澄禅『四国辺路日記』には月山については詳しいが、篠山はごく簡単な記述で、あるいは篠山には参拝しなかったのではないかと思う。ただ、この二ケ所を明記したことは、かつての札所であったことを示唆しているではなかろうか。ただ真念『四国辺路道指南』には八十八ケ所に含まれなかったことから、江戸時代には遍路者の多くに関心を持たれたが、直接参拝する遍路者はおよそ半数ほどと推察される。特に月山は道が険しく、また金剛福寺から延光寺への遍路道を遠回りすることになり、敬遠されたのではなかろうか。残されている納経帳からみても篠山に比較して月山は数少ない。この結果は納経帳のみの判断で、納経帳を持たない遍路者の動向はまったく反映していないことは留意したい。なお、いつ頃からか「月山を打てば篠山を打たず、篠山を打てば月山を打たず」とあるように、月山・篠山のいずれか一方に打つことが一般化していたことは興味深い。なお真念『四国辺路道指南』には「初辺路はささ山にかくる」とあり、初めての遍路は篠山に参拝するという。

第八章は「五十五番札所・南光坊本尊について」とした。四国辺路よりも古い歴史を持つ、西国三十三観音霊場の本尊は千手観音や十一面観音などが本尊とされ、観音菩薩で統一されているが、四国八十八ケ所では数多くの種類の仏像が本尊となっている。もっとも多いのが薬師如来で二十四箇所、次いで十一面観音が十三箇所で、そのほかに千手観音、阿弥陀如来などであるがもっとも興味深いのが、五五番南光坊の大通智勝仏である。この大通智勝仏は金剛界大日如来とよく似ているが、印相が異なり、他の地域では見られない極めて珍しい仏像である。

南光坊は愛媛県今治市別宮に所在し、四国八十八ケ所霊場の五五番札所である。隣接して大山祇神社が建立されているが、明治時代初期の神仏分離以前、つまり江戸時代以前の神仏混淆時代には両者が一体となって遍路に対応していたのである。具体的にいえば大山祇神社は、神仏分離前は「別宮の三島宮（社）」といわれ、ご神体は三島大明神（大山積大明神）で、その本地仏として大通智勝仏が安置されていたのである。遍路者は、まずは三島宮に参詣し、その後隣接する南光坊で納経が行なわれていたが、それはまさに神と仏が一体となった神仏混淆が顕著に見られた八十八ケ所の霊場であったといえよう。

江戸時代の五五番札所の様子は如何であったのか。まず江戸時代初期の澄禅『四国辺路日記』には「本地は大日とあるが実は大通智勝仏である。そして、この宮を別宮というのは、ここから七里離れた大三島という島があり、そこにはこの大明神の本社がある。本来ならばその島に渡り、そこに札納めするが、ここに札納めするのは略儀である」と記している。次に真念『四国辺路道指南』には「五十五番三島宮　平地　ひがしむき、おち」とあるのみで、他の札所に記されている本尊名、本尊像、像高がまったく記されていない。寂本『四国徧礼霊場記』では「大積山金剛院光明寺、別宮といふ　越智郡」とあるが、その内容は本社の大三島の三島社の歴史が記されている。その末尾に「宮守を金剛院南光坊といふ。本尊大通智勝仏。すなわち当明神の御本地となり。」とあり、境内図が描かれている。また天和四年出釈迦寺版『奉四国中辺路之日記』（仮称）や内田九州男氏が紹介した元禄元年版『奉四国中辺路之日記』には金剛界大日如来の像が示されている。

以上のように江戸時代初期には、別宮の三島宮が札所であるが、それより以前には本社である大三島に鎮座する三島社が札所であったこと、ご神体は大山積大明神で本地仏は大通智勝仏であること、本地の大通智勝仏は大日如来像として認識されていたことなどが判明する。やがて明治時代初期の神仏分離により、大通智勝仏や多くの仏像が三島宮から別当寺の南光坊に移されるとともに札所も三島宮から南光坊に代わった。これにより遍路者は南光坊に参拝し直接、納経帳に記載されることになる。

さて江戸時代には大日如来と認識されていた大通智勝仏とはどのよう像容であったのか興味深い。江戸時代の記録類には頭部が菩薩形で胸前で左手の人差し指を右手で握る、いわゆる智拳印の金剛界大日如来として掲図されている。そして明治時代になり、南光坊に安置された大通智勝仏は当初は「大日如来」と納経帳に記載されているが、明治時代後期になり「大通智勝仏」となる。そして納経とともに付与される「お御影」は頭部が螺髪形で胸前で右手の人差し指を左手で握る印相の像である。この印相は理拳印と云うが、この特異な仏像こそが大通智勝仏で、南光坊の本尊として安置されていた。この像は大三島の本社三島社に安置されていた大通智勝仏（現大三島・東円坊安置像）と同じ像容であることが判明する。残念ながら、古くから伝えられていた南光坊の大通智勝仏は昭和二十年八月の太平洋戦争の空襲で失われたことはまことに惜しまれる。

第九章は「澄禅の人物像再考」である。四国遍路の歴史を研究する上で澄禅の存在はまことに大きい。それは承応二年（一六五三）に、およそ九十日間をかけて四国を巡り、札所の景観やそこに住む人のこと、出会いの人達のことなどを誇張なく誠実に記録した『四国辺路日記』を著したからである。澄禅の人物像については、すでに師の運敞の記録などを元にして明らかにしてきた（拙著『四国へんろの歴史』）。澄禅は肥後国、球磨の出身で若くして、京都・智積院で密教を学び、いったん故郷にかえるが、再び智積院に戻り修行に励み、梵字悉曇をよくして、時の天皇にまでその名が知られるなど著名な梵字悉曇の能書家であったことなどを記してきた。しかし前著では梵字悉曇の具体的なことまでは触れることができず、澄禅の本来の人物像やその活躍ぶりについては明確にできず、保留としていた。本書では、このことについて検討したものの澄禅がいつ、どこで誰の元で梵字悉曇を習ったのかなどのことは明確にできなかった。ただ澄禅の刊行本をいくつか確認できた。まず寛文八年（一六六八）九月に初めて『悉曇愚鈔』二巻を上梓したことが判明する。その末尾の記事から「諸徒の請により智積院の寮舎に於て悉曇の相議を行い、初学の徒を導くこと十有年に及んだ。万治二年（一六五九）に草稿ができ、その十年後の出版であった」ことが知られる。これは四国辺路を行った十五年後のことであった。ついで寛文八年秋には『悉曇連聲集』、同九年春には、『梵文』、同九年秋には『悉曇字記』、同十年五月に『種子集』、同十一年春に『増補悉曇初心鈔』を相次いで上梓したのである。おそらくこれらの書物により、澄禅の書法である刷毛字が大いに知られ、重用されたとみられる。

なお澄禅『四国辺路日記』には伊予・太山寺において、澄禅の故郷、人吉藩の犬童播磨守が元和二年（一六一七）に僧正勢辰の謝徳のため、四国辺路した時の納札を見つけたことを記している。僧正勢辰とは球磨地方の古刹・願成寺第十三世住持である。勢辰は紀伊・根来寺や高野山などで修行し、元和二年（一六一六）五月二十九日に遷化した高僧である。納札の記事から犬童播磨守が勢辰僧正の一周忌菩提のために四国辺路した可能性とともに、武士階級が四国辺路したことが推察される。そして願成寺には澄禅直筆の種子両界曼荼羅が残され、さらに澄禅の師である智積院運敞が願成寺とも関係があることが判明している。このことから澄禅が願成寺を通して智積院の門をたたいた経緯が想定されるのである。

第一章　江戸時代初期頃の四国辺路資料

はじめに

弘法大師空海に淵源を持つ、四国辺（遍）路の長い歴史を全体的に明らかにすることは、遍路研究が進展した現段階においても、なかなか難しい。特に平安〜鎌倉時代のことは抽象的にしか記すことができない。ただ室町時代後期頃になると具体的な形で、四国辺路のことが見えてくる。それは辺路者による札所の建物に書かれた墨書により、数多くの修行者や在俗の辺路者が札所を巡っていたことがおおよそ判明する。しかし判明する札所以外に、いくつあったのか、どこにあったのかなど詳しいことはまったく不明である。やがて江戸時代初期の承応二年（一六五三）に四国辺路した智積院の僧・澄禅『四国辺路日記』により、八十八ケ所を含む数多くの霊場社寺が特定され、それぞれの社寺の様子がみえてくるのは、まことに有り難く、この日記の存在の大きさを改めて認識させられる。そして真念『四国辺路道指南』によって、八十八ケ所の札所と遍路道の全体像が明確になったといえよう。本論では四国辺路の長い歴史の中で、澄禅の時代より五十年ほど遡る、十六世紀末期から十七世紀中期頃までの石造物、仏像、古文書類などの資料を探索して、江戸時代初期頃の四国辺路の実態を見い出し、八十八ケ所の成立過程の一端を窺うこととする。

一、石造物

高知県の中部には、四国の他の三県ではみられない、室町時代末期から江戸時代初期の四国辺路に関わる文言が刻まれた石造物が複数みられ興味深い。

（1）四国仲辺路七度成就逆修塔[1]（天正十九年―一五九一）・高知県中土佐町久礼

ユ（梵字）

四國仲遍路□七度成就也敬白

南無大師遍照金剛

為美作國住圓心逆修也　天正十九辛卯季

六月廿一日

天正十九年（一五九一）の段階で、七度の辺路を成就したというから、その始まりは、かなり遡るであろうが、それがいつ頃であるかを確定するのは難しい。成就者は美作出身の円心で、名前からして出家者と考えられ、「南無大師遍照金剛」とあることから、弘法大師信仰に基づくものであることは間違いなく、四国辺路に関わる修行者であろう。ただ廻国聖系なのか、また念仏聖系なのかなど、どのタイプの修行者であったかは不明である。ここでは十六世紀前半期に見られた札所寺院の建物や仏像の墨書に続く、明確な四国辺路の資料として銘記しておきたい。なお前代の建造物や仏像の墨書は「四國中遍路」であるが本石塔は「四國仲遍路」としており興味深い。

図１　四国仲辺路成就逆修塔（高知県中土佐町）

(2) 辺路宿供養塔[2](慶長六年—一六〇一)・高知県土佐市宇佐町・青龍寺

慶長六年　　　　　　　　弥左衛門
キャカラバア(梵字)　奉造立遍路宿供養
三月一日　　　　　　　　敬白

慶長六年(一六〇一)の「辺路宿供養」は、名前が弥左衛門とあることから、辺路修行者に宿を提供する俗人とみられる。なお、これより五十年ほど新しくなるが、澄禅『四国辺路日記』にみられる宇和島本町の今西伝介のように「辺路修行者ノ者トサエ云バ何モ宿ヲ借ル丶」、また「是ヨリ西六万石加藤出羽守殿領分也。此所ノ庄屋清右衛門ト云人ノ所ニ一宿ス、此清右衛門ハ四国中ニモ無隠後生願ナリ、辺路モ数度シタル人ナリ」とある。このように信心深い俗人が辺路者に対して宿を提供していたこと、つまり善根宿の存在が、十七世紀中期にまで遡ることを確認しておきたい。この二例と単純な比較は妥当ではないかもしれないが、弥左衛門も同様に大師信仰に篤く経済的に余裕のある人物で、辺路修行者に対して、宿を提供していたと推察したい。それは、また善根宿の存在を慶長期にまで遡る可能性を指摘できるであろう。宿供養石塔が建立されているところは三六番青龍寺である。ここはかつては渡船なども利用しなければならない、通行が不便なところであることから、辺路者にとって、該当の宿は貴重な存在であったに違いない。

（3）辺路成就塔⑶（元和四年―一六一八）・高知県須崎市大谷

元和四年　　施

ユ（梵字）　奉供養邉路成就

三月廿一日　　主

元和四年（一六一八）の辺路成就塔である。この石塔をみると、上部に円形の中に弘法大師を表す梵字の（ユ）があり、しかも建立日が三月二十一日の弘法大師の入定日にあたることから、まさしく大師信仰に基づいて建立された石塔⑷であることが判明する。

図２　辺路成就塔（高知県須崎市）元和４年（1618）

（4）辺路札供養⑸（寛永三年―一六二六）・高知県土佐市塚地

寛永三丙寅年　　施主

イ―　ユ（梵字）　奉　邉路札供養逆修菩提也

九月廿一日　　敬白

この石塔は「辺路札供養」とあるように、四国辺路に伴う各札所に納める「納札」の供養のことと思われる。この時期の「納札」は木造の板札と考えられることから、この板札を供養したとみられるが、ただ「逆修供養」とあることからその供養が、いかなるものであるのか、まったく想像できない。この辺路札については後述したい。

以上は土佐における、十六世紀末期から十七世紀初期の四国辺路に関わる石造物が数点確認できるのは興味深い。他の三ケ国では、この時期のものが殆ど確認できないことから、土佐特有であるのか、あるいは他の地域では、まだ見い出せていないのかなどは不明で、今後の課題としたい。なお本論で記述を略した仏像や古文書については別記[6]したので、参照していただきたい。

二、伊予・太山寺の札挟みと納札

現在の四国遍路では本堂や大師堂に参拝したあと、紙に印刷された納札を奉納するのが一般的である。この納札は「納札入れ」という袋の中にまとめて入れられている。しかし、江戸時代の真念『四国辺路道指南』には、この納札について「用意之事」として、札挟みのこと、紙札（納札）のことなどが細かく記載されており、この札挟みと納札が、四国遍路にとって如何に重要であったかが認識させられる。さて伊予・太山寺には江戸時代初期の承応～明暦三年（一六五二～五八）の札挟みが、二つ残されているが、そのひとつに次のような墨書[7]がある。

承応□年

表　カン（梵字）奉納七ケ所遶路同行五人
　　　　　　　　二月吉日

裏　ユ（梵字）南無大師遍照金剛

とあって、承応年間（一六五二〜五五）、七ケ所参りの札挟みである。この七ケ所参りの七箇所とは、どこを指すのか興味深いが、伊予の場合は今治周辺に隔夜念仏に関わる七ケ所[8]が知られ候補のひとつとされよう。あるいは太山寺周辺の石手寺などを含む七ケ所であったのか、今後の課題であるが、後者の可能性が高い。

他方の札挟みには次のような墨書[9]がみられる。

明暦三年丁酉　中山ノ内
奉納七ケ所遍路同行二人
二月吉祥日　　梅原村

明暦三年（一六五七）伊予国喜多郡中山村梅原の住人のもので、ここでも七ケ所参りの札挟みである。この二例は現存する札挟みのものとしては最古クラスのものとして、貴重であることはいうまでもなかろう。真念『四国辺路道指南』のものと比べれば、七ケ所と四国八十八ケ所、同行人数などが相違する他は、概ね同様の形態となっている。つまり澄禅の時代から真念までの間、その形態は、ほぼ同様であったことが判明する。

次に納札についてみてみたい。現在、もっとも一般的なものとして、次のようなものがある。中央に「奉納八十八ケ所霊場順拝同行二人」とあり、その両側に「年月日、住所　氏名」が記さるようになっている。しかし真念『四国辺路道指南』では「奉納四國中遍路同行二人」のみ記されている。残念ながら真念時代のものは残されておらず、さらに古い時代には薄い木製で、いわゆる「板札」であった。なお納札についての記録で、興味深いのは澄禅『四国辺路日記』の伊予・太山寺における記述[10]で「扨、堂ニ、予本国犬童播磨守、元和三年（一六一七）六月十五日僧正勢辰謝徳ノ為トテ辺路修行スト板札在リ。」とある。これは澄禅が太山寺に参拝した折、澄禅の本国（出身地）である肥後の犬童播磨守が残した板札を見つけ日記に書いたのである。僧正勢辰[11]とは澄禅の故郷、人吉・願成寺の第十三代住職のことで、元和二年（一六一六）に遷化している。また犬童播磨守は人吉藩の人物とみられるが詳しくは判明[12]しない。つまり、澄禅が見た板札は、三十六年前のもので、肥後国・人吉藩の犬童播磨守が僧正勢辰の謝徳のため（一周忌に合わせてか）四国辺路した際、打ち付けたものが残されていたことになる。この一例だけで、多くのことを推測することは難しいが、確かに板の札であり、打ち付けられていたことは明確である。しかし、それが本堂なのか他の堂であるのか、堂外なのか堂内なのか、大きさはどれくらいであったのか、何が書かれていたのか、など知りたいことは沢山ある。ただ興味深いのは、その板札が三十数年間も打ち付けられたまま残されていたのは驚きである。現在の太山寺の本堂は鎌倉時代に建立されたので、当然ながら澄禅の時代にも存在していた。「堂」というのが、本堂とすれば、ここに打ち付けられていたことになる。

さて先に板札が三十数年間も打ち付けられたままであったと記したが、いずれ、この板札は整理されるのであろう。それを想像させるものとして、先記した高知県土佐市塚地の「邊路札供養逆修菩提也」の石塔である。これは寛永三年（一六二八）に「辺路札供養」したもので、どのような方法で供養が行われたのかは全く不明であるが、焼却供養もひとつの方法として考えられるであろう。なお五二番太山寺には札挟みとともに、江戸時代の板の納札が二枚残されている。安永九年（一七八〇）のものとは別に、次のものが興味深いが、残念ながら断片(13)である。「寛永十七年（一六四〇）」は確認できるが、中央の一行は全体的な判読が不可能であるが、下から三文字は「□□□□行□人」とみることもできる。つまり「同行□人」とすれば、納札の可能性があるのではと考えており、現存最古とみているが、なお後考を待ちたい。

三、澄禅『四国辺路日記』にみる辺路衆の実像

智積院の僧・澄禅が四国を巡ったのは、江戸時代初期の承応二年（一六五三）で、真念『四国辺路道指南』を刊行する三十数年前である。この時期には真念の時代ほどではないにしても、かなりの辺路が往来していたことが考えられる。『四国辺路日記』に記される辺路者に関わる部分を抽出した。

（1）五日雨天ナレハ午ノ時ニ寺ヲ出、南ヲ指テ往ク。二里斗行テ野根ト云所ニ至ル。爰ニ町在リ、材木出ル河口ノ船津也。此大河ニテケ様ノ雨天ニハ中々難渡河ト兼テ聞シ間、当国幡多ノ辺路衆ナド云合テ急ギテ河ヲ渡ル也。如按早各腰ニ立程ニ溢水也。是ヲ渡リテ野根ノ大師堂トテ辺路屋在リ、道心者壱人住持セリ、此ニ一宿ス。(14)

（2）三崎ノ浜ニテ高野、芳野ノ辺路衆、阿波国ヲ同日ニ出テ逆ニメグルニ行逢タリ。互ニ荷俵ヲ道ノ傍ニ捨置

テ、半時斗居テ泪ヲ流シテ離タリ。[15]

（3）其夜ハ宇和島本町三丁目今西伝介ト云人ノ所ニ宿ス。此仁ハ齢六十余ノ男也。無二ノ後生願ヒテ、辺路修行ノ者トサエ云バ何モ宿ヲ借ルルト也。若キ時分ヨリ奉公人ニテ、今ニ扶持ヲ蒙テ居ル人ナリ。[16]

（4）是ヨリ西六万石加藤出羽守殿領分也。此所ノ庄屋清右衛門ト云人ノ所ニ一宿ス。此清右衛門ハ四国中ニモ無隠後生願ナリ、辺路モ数度シタル人ナリ。高野山小田原湯谷ノ谷証菩提旦那也。[17]

（5）扨、堂ニ、予本国犬童播磨守、元和三年六月十五日僧正勢辰謝徳ノ為トテ辺路修行スト在板札在リ。[18]

（6）当年ノ夏、土佐ノ国神ノ峰ノ麓ヨリ出タル辺路ノ俗士、此道ノ様ヲ見テ、此分ニテハ修行ノ者ノ労身也ト云テ、此寺ニ数日逗留シテ道ノ左右ヲ三尺宛只独リニテ切アケタリ。依之只今ハ自由成り。[19]

（7）但馬国銀山ノ米原源斎ト云者、讃岐国多度郡屏風ガ浦ノ三角寺ノ御影堂ヲ再興セヨト霊夢ヲ承テ、則発足シテ当国エ来テ、先四国辺路ヲシテ其後御影堂ヲ三間四面ニ瓦フキニ結構ニシテ、又辺路シテ帰国セラレシト也。[20]

以上のように、数多いとはいえないが、辺路者に関わる事項がいくつか確認できる。まず、各地から四国辺路に出向いていたことが判明する。（1）では土佐の幡多の辺路衆と澄禅は偶然行き逢ったらしく、増水した河を共に苦労しながら渡河した様子が目に浮かぶ。ただ「辺路衆」のみの記載であることから、どのような類の辺路衆であったかは明確にできない。（2）は高野・芳野（吉野）の辺路衆との出会いは感動的である。阿波を同日に立ち、それぞれ順逆別に進むが、土佐の足摺付近で出会った時は、余程嬉しかったのであろう。すでに、江戸時代初期には逆に巡る辺路がいたのも興味深い。また先記した（1）の「幡多の辺路衆」と同様に辺路衆と記されるが複数、それも二〜三人という程度ではなく、かなりの数であったことが想像される。このように、この時期には団体での辺路が数多くいたのではと考えている。（3）・（4）は先記した信心深く、経済的に豊かな人物の善根宿と考えられよう。なお、伊予・大洲藩の庄屋、清右衛門も善根宿の施しをする信心深い人物であるが、自身も数度の四国辺路の経験者で、高野山とも深い関係を有する大師信仰者であるという。（5）は先記した伊予太山寺の堂に打ち付けられた納札であるが、犬童播磨守は澄禅の故郷、球磨の人吉藩の人物で武士階級の辺路である。（6）は土佐の国、神峰寺付近の独りの俗人辺路である。雲辺寺から大興寺に至る道は標高差約八〇〇メートルも有り、長く急な下り道が続く難所で、ここの辺路道の切り開きは相当の労力を要したであろう。ただ独りにての作業で奇特な辺路として銘記したいが、すでにこの頃には余裕のある辺路の動向は興味深い。

（7）の但馬国銀山の米原源斎という人物も興味深い。銀山というから、いかにも裕福な印象が持たれる。確かに四国辺路したあと、白方屏風ケ浦の三角寺（仏母院）の御影堂を瓦葺にする財力は相当のものであろう。この頃の讃岐白方屏風ヶ浦は弘法大師出生地として知られ、多くの辺路に信じられていた。特に三角寺仏母院は弘法大師の母、あこや御前の寺として夙に知られ、澄禅自身もそのことを真面目に信じていたふしがみられる。おそらく米原源斎も、この奇異な大師信仰の信者の一人であったとみられる。

以上、澄禅の時代に四国辺路した人物などについて列挙したが、高野・吉野の辺路衆とは、おそらく行人・山伏のような修行者であったとみられる。一方、遍路道を整備した土佐の辺路や仏母院の御影堂を修覆した辺路は間違いなく俗人であろう。この時期には山伏・行人などの専門的、本格的な修行者と俗人とが入り混じりながら辺路に参加していたのである。

四、四国を巡った人達

先に澄禅『四国辺路日記』を元に辺路に関わる人物をみた。興味深いことに十六世紀末〜十七世紀前期ころの四国辺路には俗人とともに、犬童播磨守のような武士階級の辺路もいたことが、おおよそ確認できた。ここでは武士と共にどのような人々が四国辺路に参加していたのであろうか。

(1) 武士

澄禅『四国辺路日記』中の太山寺の項目に興味深い記事がみられる。それは先記した元和三年（一六一七）の犬童播磨守の四国辺路は、まさに武士階級、名前からしてそれもかなり高位であることは留意したい。江戸時代初期の慶長、元和ころには武士階級が参加していたと思われるが、これに関して云えば『阿波・駅路寺文書』[21]が興味深い。駅路寺とは慶長三年（一五九八）六月、阿波藩二代の蜂須賀家政が藩内の八ケ寺（長谷寺・瑞雲寺、福生寺・長善寺・青色寺・梅谷寺・打越寺・円頓寺）を指定し、旅人や辺路などに宿泊の便宜を与えるというものである。その第一条は

一　当寺之義、往還旅人為一宿、令建立候之条、専慈悲可為肝要、或邊路之輩、或不寄出家侍百姓等、行暮一宿於相望者、可有似相之馳走（後略）

とある。これは往還の旅人に宿を提供するというもので、新城常三[22]氏は「出家・侍・百姓に寄らずとは、遍路の身分を示したものであろう。すなわち出家のほかに現実に侍・百姓などが当時遍路に参加していたか、遍路の可能性があったのである。」と解釈されている。この説に従えば慶長ころには、先記した犬童播磨守のことも考慮すれば、どの程度の数であったかは不明であるが、武士階級が参加していたと考えられよう。ただ澄禅の時代にはすでに、そのことは確認できない。これについて新城常三氏は次のように述べられている。[23]

その後江戸時代に入り、武士の戦時動員等の必要性は減少したが、幕藩制の成立、封建制度の完成に伴う、大名の家臣に対する統制強化により、武士の長日行旅・他国参詣は、封建的勤務に支障をきたすため制限され、ますます困難とならざるを得なかった。

とあり、江戸時代に入り、幕藩体制の確立により武士の他国参詣が困難となったと見られている。なお近時の研究で、文化十年（一八一三）、徳島藩の武士・守川保忠『四国旅日記』と文化十二年（一八一五）、山水居蘭室『春夏の杖』[24]の日記が明らかにされ、武士の四国遍路の存在が確認できたことは貴重な指摘といえよう。興味深い。

(2) 僧侶・山伏など

四国辺路において、山伏の存在は明確で、それは俗人の辺路者を導く先達としての存在である。町田哲氏が紹介した阿波・地蔵寺蔵の延宝四年（一六七六）卯月十七日文書[25]「此辺路生国薩摩鹿児島之住居ニて、佐竹源左衛門上下之五人之内壱人ハ山伏、（以下、略）」とあるように、五人の辺路者の内、一人の山伏というのは先達であったと考えられる。これと同様に明暦四年（一六五五）の廻り手形[26]にみられる「坊主壱人俗弐人已上三人」とあるが、この内の坊主とは山伏とは断定できないが、僧侶とすれば、やはり先達的な役割であったと考えられよう。このことは中世に盛んに行われた熊野参詣には熊野修験者（山伏）が先達として、熊野へ導いたのが参考となる。江戸時代初期の四国辺路は、まだまだ専門の先達が必要であったのであろう。なお貞享四年（一六八七）の真念『四国辺路道指南』（瀬戸内海歴史民俗資料館蔵）の序九丁裏・序又九丁表（図３）に俗人五人と僧形人物がみられるが、僧形人物は先達の可能性が考えられる。そして、その人物こそ真念[27]その人であったとみてはどうであろうか。

（序又９丁表）　（序９丁裏）

図３　『四国辺路道指南』（瀬戸内海歴史民俗資料館蔵）

（3）五台山・宥厳上人

承応三年（一六五四）の夏に五台山（竹林寺）の宥厳上人が四国辺路した際に篠山で一宿したが、その時、篠山は土佐か伊予かと寺の住持に問いかけると、住持が土佐と答えたので、荒廃した実情を土佐の殿様に上申し、建物が修理されたというのである。この宥厳上人は澄禅『四国辺路日記』の中にも登場する僧侶で「本堂ハ大守ヨリ修造セラレテ美麗ヲ尽セリ、塔ハ当主宥厳上人ノ造工ナリ。鐘楼・御影堂・二王門・山王権現ノ社、何モ大守ノ願ナリ。上人頻リニ留ラル、間不及是非逗留ス。」とあり、澄禅と直接会話などもしたものとみられる。さらに宥厳上人は明暦四年（一六五五）の持明院が発給した「廻り手形」にも署名し、四国内にも名を馳せた僧侶と考えられる。札所寺院の住持が四国辺路した事例として特に銘記しておきたい。なお宥厳上人の四国辺路は澄禅と出会った次の年であることは留意したい。

（4）高野山の僧侶

現在の四国遍路においては、八十八ケ所を結願した後、お礼参りと称して高野山に参詣する例が知られるが、江戸時代の納経帳をみると、高野山の納経はまったくといって云いほど確認されない。しかし、江戸時代初期ころの澄禅は四国辺路を行うに当り、まず「高野山宝亀院の状ヲ持テ持明院ニ着ク、依是持明院ヨリ四国辺路ノ廻り手形ヲ請取テ、廿五日に発足ス。」とあるように、高野山との関係が深いように感じられる。ただ、これは澄禅の個人的な人間関係かもしれないが、『四国辺路日記』中にみられるように、高野山の行人衆が修行のため四国辺路を行ったことが知られ、江戸時代初期頃には四国と高野山との密接な関係が考えられる。次いで宿毛市の『蕨岡文書』[29]が興味深い。

只今之権現堂建立之本願者寛永拾四年ニ高野山上生院と申御僧四国辺路に御廻被成候時笹山へ御登山被成此権現堂御覧候処少々破損仕ニ付而住持老僧正善ヲ召出上生院被仰候ハケ様之古所破損致候を御覧被御通り被成も残多思召候

とあるように、高野山の上生院の僧侶（融誉）が寛永十四年（一六三七）四月に四国辺路したが、その際に篠山に登山したとき、篠山大権現の再興の為に金子十両を寄進したという文書[30]が残されている。先記の行人衆は修行が目的であったが、上生院・融誉の場合は、修行とは別の意味があるように思われる。

五、『説経・苅萱』「高野の巻」と四国辺路

江戸時代初期の四国辺路資料として欠くことができないのが、『説経・苅萱』「高野巻」である。『説経・苅萱』は室町時代から江戸時代にかけての説経の代表的なもので、かるかや道心と石堂丸の父子に関わる悲哀に満ちた物語として夙に有名である。主な伝本として、次の三本などが知られる。

1、室町時代末期刊・絵入写本「せつきやうかるかや」
2、寛永八年刊・しやうるりや喜衛門版「せつきやうかるかや」
3、寛文初年刊・江戸版木屋彦右衛門版「かるかや道心」

このうち、「高野の巻」は1の絵入写本には無く、2の寛永八年（一六三一）の版本以降に見られる。高野巻は、まず初めに弘法大師が、とうしん太夫とあこや御前を両親として讃岐白方屏風ケ浦で生まれ、金魚丸と名付けら

れる。しかし夜泣きが激しく、村を追われ、あこう御前とともに四国をさまよい歩くというもので、次のように記される。[31]

この子ひとりもうけんとて、なんぼう難行苦行申したに、捨てまいぞよ金魚よ、連れてお迷ひある。その数は八十八所とこそ聞えたれ、さてこそ四国辺土は、八十八か所とは申すなり。

とある。ここでは金魚丸（弘法大師）が母親のあこや御前とともに、「四国辺土（辺路）八十八ケ所」を巡ったことが明確に記され、「四国八十八ケ所」の文言としては、現在のところ、この版本寛永八年版の「高野巻」が最古のものとして、よく知られている。ただ文意を丁寧にみれば、すでに存在していた四国辺路をさまよい歩くという設定である。つまり寛永八年（一六三一）以前に、すでに四国八十八ケ所は成立しており、巷間に広く知られ、「高野巻」がそれを取り込んだと考えられよう。さて、この「高野巻」は先記したとおり、1の絵入り写本には存在せず、2の寛永八年版に初めて「高野巻」がみられるとされてきた。しかし阪口弘之氏[32]は1と2を詳しく比較検討した結果、1の絵入り写本に、すでに「高野巻」が存在したことを明らかにされたのである。つまり「高野巻」は取り外しができる「語り物」であることが判明した。したがって、絵入り写本の成立が慶長頃と考えられている[33]ことから、「高野巻」も、およその頃と考えられるであろう。

なお「高野巻」について小林健二氏[34]は四国在地の弘法大師伝承と『慈尊院縁起』が一体となって成立したと考えておられ、また阪口弘之氏は四国在地の弘法大師伝承が説経から派生したとは考えにくいとされておられる。では四国在地の弘法大師伝承とは、いかなるものであるのかが問題となる。現在知られる四国在地の弘法大師伝承に関わるものは次のものが確認(35)されている。
◎『弘法大師空海根本縁起』（個人蔵・元禄十二年写本など）
◎『弘法大師御伝記』（総本山善通寺蔵・元禄元年版およびその写本）
◎『四国辺路御開基弘法大師縁起』（元文元年版）
これらの関係について筆者は、すでに各誌に何度か発表してきたが、もっとも古いものは『弘法大師空海根本縁起』（以下、『根本縁起』）と考えている。この縁起は次のように構成されている。
1、弘法大師誕生のこと
2、夜泣きのこと
3、成長のこと
4、入唐求法のこと
5、四国八十八ケ所開創のこと
6、衛門三郎のこと
7、お辺路の功徳のこと
弘法大師誕生のことでは父をとうしん太夫、母はあこや御前とし、讃岐白方屛風ケ浦で誕生し、金魚丸と名ずけられるが夜泣きが激しく、村を追われるなど、その内容は「高野巻」と酷似しているのである。その後、成長して各地で修行し、やがて入唐する。唐から帰朝後に四国八十八ケ所を開創するとともに、讃岐の香川氏や伊予の地における衛門三郎の発心譚なども加わっている。このような奇異な弘法大師伝承は承応二年の澄禅『四国辺路日記』の中でみられるように、弥谷寺や白方屛風ケ浦周辺で聞き及んでいるし、伊予では衛門三郎のことも詳しく記されており、十七世紀中期には四国の地で広く知られていたのである。「高野巻」は、この奇異な四国の弘法大師伝承を取り入れたものと考えているが、先記したように、「高野巻」の成立が絵入り写本の慶長頃とすれば、この『根本縁起』はそれに先立つものと見てよかろう。つまり『根本縁起』の成立も慶長頃まで遡るとみられよう。筆者は今のところ、この『根本縁起』の写本を五点確認しているが、もっとも古い写本の奥書に

元禄十二年正月廿八日
　高野山千手院谷西方院内
　真教書之尤悪筆たりと雖
　　筆を染書き写畢

とあり、元禄十二年（一六九九）に高野山の聖方寺院の西方院の真教という僧が高野山において、写したものである。もうひとつには

　弘法大師空海根本大縁起
　右之縁起讃州宇多津仏光山
　江照寺有之□□□□
　　宝永二年
　右本書通書写者也

干時　寛保三歳
癸亥
四月廿七日

とあり、寛保三年（一七四三）の写本である。しかし宝永二年（一七〇五）には讃岐・宇多津の江照寺（現在の郷照寺）、つまり道場寺といわれ、一遍上人に連なる時衆寺院に存在したことが奥書きから判明する。先の高野山西方院と合わせ考慮すれば、『根本縁起』は、まさに四国・讃岐（弥谷寺や白方屏風ケ浦周辺を含む）と高野山を往来した時衆系高野聖の手になるものと推察されるのである。ここに四国・讃岐と高野山との間に深い関係が存在し、「高野巻」との密接な関係を有することになる。そして『根本縁起』には「八十八ケ所を弘法大師が建立し、弘法大師自身も辺路を三十三度、中辺路を七度」を行ったと記すように、四国辺路の開創縁起と位置づけられるであろう。なお「高野巻」の「あこや御前と金魚丸が八十八ケ所を流浪した」ことをもって四国辺路の開創縁起とみる見解もあるが、これは先記したとおり、流浪の段階ですでに四国辺路は存在していたことから開創縁起とはならない。

おわりに

以上、長々と江戸時代初期頃の四国辺路に関わる事項を述べてきたが、簡単にまとめとしたい。

1、十六世紀末期〜十七世紀初期の土佐における石造物から「四国仲辺路」や「辺路」の刻字が確認でき、十六世紀前半期にみられた札所の建物の墨書と同様の表記がみられ、四国辺路が継続して行われていた。

2、辺路宿供養や辺路札供養などの刻字から、四国辺路に関わる宿（善根宿か）や納札供養が行われていたことが判明し、四国辺路が盛んであったと考えられる。

3、元和三年（一六一七）に肥後国人吉藩の犬童播磨守が四国辺路した板札の存在、あるいは慶長三年の阿波・駅路寺文書などから、この時期（慶長～元和頃）には武士階級の人物が四国辺路に参加していた。

4、澄禅『四国辺路日記』の記事から、江戸時代初期の納札は板札を堂に打ち付けていた。それらの板札は集められ、札供養が行われていた可能性がある。

5、澄禅『四国辺路日記』の記事から、当時高野の行人衆や信心深く、富裕な俗人などが確認され、他の文書からは札所寺院の住職、高野山の僧侶などが四国辺路に参加していた。特に「高野の行人衆」との出会いが何度か記されている。この時代には高野山の行人（山伏か）が数多く四国辺路に出向いて修行していたことが想像され、四国辺路の成立過程において高野山の行人衆の存在は無視できない。

6、俗人などの遍路には、山伏や僧侶が先達として、道案内を勤めた。

7、「四国遍土八十八ケ所」の文言の初出は「高野巻」であるが、「高野巻」の成立は慶長頃とみられ、寛永八年（一六三一）よりも遡る。「八十八ケ所」の文言の上限は、現在のところ一六〇〇年前後まで遡ると考えられる。

以上のようにまとめてみたが、意外にも真念『四国辺路道指南』よりもかなり古くから、俗人が四国辺路に参加していたように思われる。その契機となったのが、武士の四国辺路が禁止されたのがひとつの要因ではなかろうか。真念『四国辺路道指南』により、俗人の参加が盛んとなったといわれるが、それ以前おそらく澄禅のころには、すでに、かなりの俗人が四国を巡っていたと思われ、俗人の増加に対応するために、真念『四国辺路道指南』が作られたと推測した。

注

（１）林勇作『土佐の石造遺品集・平安—江戸時代』（私家版、平成七年二月）八五頁。図版は高知県立歴史民俗資料館・岡本桂典氏からご提供いただいた。
（２）岡本桂典氏より資料の提供及び種々のご教示をいただいた。
（３）前掲注（１）林勇作『土佐の石造遺品集・平安—江戸時代』九〇頁。図版は高知県立歴史民俗資料館・岡本桂典氏からご提供いただいた。
（４）本石塔は四国辺路の成就供養として建立された数少ない古例である。
（５）岡本桂典氏より資料の提供及びご教示いただいた。
（６）◎文殊菩薩騎獅像・文禄二年（一五九三）　愛媛県・三角寺

蓮花木三阿巳さ□□名主大夫
春日井十六妻鳥の下彦十郎子の年
同二親タメ
四國邊路之供養ニ如此山里諸旦那勧進殊邊路衆勤め候□
四十六歳中年

（梵字）　南無大聖文殊師利菩薩施主本願三角寺住僧乗慶（花押）
先師勢恵法印道香妙法ニ親タメ也此佐字始正月十六日来九月一日成就也
仏子者生國九州薩摩意乗印其以後四國与州宇摩之郡東口法花寺
おの木　　佐意（花押）
阿己代官六介同寿延御取持旦那　丑年四十一如房
同奥院慶祐住持　同お宮六歳子年
同弟子中納言同少納語五郎太夫
本願三角寺住呂　為現善安穏後生善処也
文禄癸巳弐季九月一日佐意　六十二歳辰之年
（武田和昭『四国辺路の形成過程』、岩田書院、平成二四年一月）に掲載。

◎明暦四年の廻り手形―明暦四年（一六五八）・個人蔵

坊主壱人俗弐人已上合三人
四国辺路ニ罷越し関々御番所
無相違御通し可被成候一宿猶以
可被加御慈悲候仍為後日如件
阿州大滝山持明院
明暦四戊年二月十七日　快義（花押）

四国中関々御番所　　綾松山
御奉行中　　　　　　圭典（花押）
讃州　　　　　　五臺山
白峯寺法印　　　宥厳（花押）
与州
石手寺法印（花押）
土州
五臺山法印
其国御法度にて修行者遍路難成候由
承候可然情々奉願申上候
（武田和昭『四国辺路の形成過程』、岩田書院、平成二四年一月）に掲載。

（7）胡光編『四国霊場第五十二番札所・太山寺総合調査報告書（1）』（愛媛大学法文学部日本史研究室、平成二六年三月）五九頁。
愛媛県歴史文化博物館『四国遍路と巡礼』展図録（愛媛県歴史文化博物館、平成二七年一〇月）七八・一九〇頁。
（8）喜代吉榮徳「伊予における隔夜信仰と辺路信仰」（『四国辺路研究』創刊号、海王舎、平成五年三月）。
（9）前掲注（7）愛媛県歴史文化博物館『四国遍路と巡礼』七八頁、一九〇頁。
（10）伊予史談会編『四国遍路記集』（伊予史談会、昭和五六年八月）四七頁。
（11）九州歴史資料館編『肥後人吉・願成寺』（九州歴史資料館、平成八年三月）五一頁。

(12) 犬童播磨守については、人吉市教育委員会から種々のご教示をいただいた。
(13) 前掲注(7)胡光編『四国霊場第五十二番札所・太山寺総合調査報告書(1)』五九頁。
(14) 前掲注(10)伊予史談会編『四国遍路記集』二八頁。
(15) 同前、三八頁。
(16) 同前、四〇頁。
(17) 同前、四一頁。
(18) 同前、四七頁。
(19) 同前、五二頁。
(20) 同前、五四頁。
(21) 駅路寺文書。近藤喜博『四国遍路』(桜楓社、昭和四六年六月)二〇一~二〇四頁。
(22) 新城常三『新稿社寺参詣の社会経済史的研究』(塙書房、昭和五七年)一〇二一頁、同前。
(23) 同前、一二一五頁。
(24) 松永友和「武士の四国遍路」(伊予鉄不動産(株)「へんろ編集部」、『へんろ』四三八号、令和二年九月)。松永友和「武士の四国遍路」(愛媛大学　四国遍路・世界の巡礼研究センター『四国遍路と世界の巡礼』第六号、令和三年三月)二九~四二頁。
(25) 町田哲「札所寺院の文化財調査―五番札所地蔵寺と四国遍路」(『遍路文化を活かした地域人間力の育成』、鳴門教育大学、平成二二年三月)九七一~一〇五頁。
(26) 武田和昭『四国辺路の形成過程』(岩田書院、平成二四年一月)四〇一~四一六頁。
(27) 『四国辺路道指南』(瀬戸内海歴史民俗資料館蔵)序九丁裏、序文九丁表の挿図。

(28) 橋田庫欣・津野松生編『宿毛市史資料、蕨岡・都築家文書』（宿毛市教育委員会、昭和五三年一二月）一一二頁。
(29) 同前、一二頁。
(30) 同前、五頁。七頁。
(31) 高野巻は『新日本古典文学大系』九〇。信多純一・阪口弘之『古浄瑠璃説経集』（岩波書店、平成十一年七月）。
(32) 阪口弘之「説経「かるかや」と高野伝承」（『国語と国文学』七一巻一〇号、平成六年一〇月）。
(33) 室木弥太郎『語り物（舞・説経古浄瑠璃）の研究』（風間書房、平成四年一二月）二九七頁。
(34) 小林健二「説経「苅萱」と「高野の巻」」（『散文文学「物語」の世界』、三弥井書店、平成七年七月）。
(35) 奇異な弘法大師伝承については乾千太郎『弘法大師誕生地の研究』（善通寺、昭和一二月）。真野俊和「弘法大師の母―あこや御前の伝承と四国霊場」（『上越教育大学研究紀要』五、昭和六一年三月）、高木啓夫「弘法大師伝御伝記―弘法大師とその呪術・その二」（『土佐民俗』四八、昭和六二年三月）、藤好史郎「四国遍路の信仰普及と御伝記・かるかや」（香川県・文化振興課『四国八十八ケ所霊場第七十五番札所善通寺調査報告書』香川県、平成二九年三月）二三七～二五三頁などがある。

第二章　四国辺路における大辺路・中辺路・小辺路考

はじめに

平成二十五年十月に発表された胡光氏のご高論、「四国八十八ケ所霊場成立試論―大辺路・中辺路・小辺路の考察を中心として―」[(1)]は、筆者にとって極めて興味深いものであった。かつて筆者も「大辺路・中辺路・小辺路」の意味について考えたことがあるが、結局良いアイデアが浮かばず、不明としたままであったからである。胡氏のご高論は「中辺路」を核としたもので、論理的に展開されており、四国遍路の成立論に大きな意味をもつもので、筆者にとっても首肯される部分が多く、大いに参考となった。その後、胡氏のご高論は四国遍路の研究者にしばしば引用され、その重要性があらためて認識されるところである。本論は先行研究などを参考として「四国辺路における大辺路・中辺路・小辺路」について考察するものである。

一、大辺路・中辺路・小辺路の研究史

紀伊半島の先端に所在する熊野三社の参詣に伴う参詣ルートに大辺路、中辺路・小辺路が存在することは、よく知られている。これと同様に四国辺路にも、その存在の有無をはじめて論じたのが近藤喜博氏で、ついで宮崎忍勝師である。ここでは土佐・一宮、伊予・浄土寺、讃岐・国分寺の建物や仏像の墨書の「四国辺路」、「四国中辺路」ついて考察された。ついで高木啓夫氏は「逆打ち遍路」と関連させて「大遍路・中遍路・小遍路考」について論を展開された。さらに最近では頼富本宏師、胡光氏、寺内浩氏が「大辺路・中辺路・小辺路」について詳しく考察されている。なお五来重氏は大・中・小の「行道所」と四国遍路との関わりについて興味深い説を展開

されている。

1　近藤喜博氏の説

近藤喜博氏は『四国遍路』（桜風社、昭和四六年六月・一四八頁）で、次のように述べられている。

古きはしらず、上に示した室町時代の四国遍路資料に、四国中遍路なるものが見えていたことである。即ち

四国中辺路（大永年間）―讃岐・国分寺楽書
四国中辺路（永正十年）―同　　右
四国仲遍路（慶安三年）―伊予・円明寺納札

とあるのがそれである。時期の多少の不同はあるにしても、この中遍路とは、霊場八十八ケ所のほぼ半分の札所を巡拝することを指すのであるのか。それとも四国の中央部を横断するミチの存在を指したものなのか、熊野路には、大辺路に対して中辺路が存在していたことに考慮してくると、海辺迂回の道に対して中辺路といった、ある短距離コースの存在が思われぬでもない。四国海辺を廻る大廻りの道は困難を伴う関係から、比較的近い道として中辺路が通じたのではなかったろうか。

との見解で、さらに『哥吉回国物語』[2]を引用して土佐から伊予松山に貫ける道の存在を示し、中辺路として相応しいとされている。つまり近藤氏の説は熊野の大辺路、中辺路の存在を考慮して、四国の場合は足摺岬を大きく廻るコースを大辺路、土佐の中央部から伊予・松山に至るコースを中辺路とする解釈である。

２　宮崎忍勝師の説

宮崎忍勝師は『四国遍路』（朱鷺書房、昭和六〇年四月、三五頁）で、四十九番札所の伊予・浄土寺の本堂厨子の墨書にみられる「中辺路」について、次のように述べられている。

この「四国中邊路」とあるのは、ほかの落書にも「四国中」とあるので、四国の「中邊路（なかへじ）」ということではなく、四国中にある全体の邊路（へじ）を意味する。四国遍路の起源はこのように、四国の山岳、海辺に点在する辺地すなわち霊験所にとどまって、文字通り言語に絶す厳しい修行をしながら、また次の辺路（修行地）に移ってゆく、この辺路修行の辺路がいつのまにか「へんろ」と読まれるようになり、近世に入ると「遍路」と文字まで変わってしまったのである。

つまり「四国中邊路」の邊路（へじ）とは四国中に存在する修行地や霊地の場所のことと考えられている。これは熊野路にみられる「大辺路」、「中辺路」のような道とは、異なるもので四国全体の辺路（修行地）が中辺路であるという。

３　高木啓夫氏の説

高木啓夫氏は『土佐民俗』四六（土佐民俗学会、昭和六一年三月）で「南無弘法大師縁起―弘法大師とその呪術・その一」、および『土佐民俗』四八（土佐民俗学会、昭和六二年三月）で「弘法大師御伝記―弘法大師とその呪術・その二」を発表された。この二例は、正史とは全く異なる弘法大師伝承として、よく知られる『説経苅萱』「高野巻」と関わるものとして四国遍路研究にとって、極めて重要な発見と発表であった。高木氏は『土佐民俗』四六で大遍路・中遍路・小遍路について、次のように簡単に説明されている。「南無弘法大師縁起に、高野山参詣を三十三度することが四国遍路一度に相当するとの記載があることから、小遍路とは高野山三十三度のことであるとし、逆打ち七度が大遍路」と解釈されている。つまり遍路の回数によって大遍路・小遍路の相違を示された。ただ中遍路についての記載はない。その後『土佐民俗』四九号（土佐民俗学会、昭和六二年一〇月）で「大遍路・中遍路・小遍路考」として、先の説を次のように再考されている。

「遍路一度仕タル輩ハ、タトエ十悪五ジャクの罪アルトモ、高野ノ山エ三十三度参リタルニ当タルモノナリ」の記述によって、高野山へ三十三度参詣した者を、四国遍路一度に相当するとして「小遍路」と称する。次に順打ちの道順での四国遍路二十一回するまでを「中遍路」と称する。次に、この中遍路二十一回を成就した上で、逆打ち七度の四国遍路をなした者、或はなそうとして巡礼している者を「大遍路」と称する。

ここでの解釈は、小遍路とは高野山へ三十三度の参詣、中遍路は順打ち二十一度の四国遍路、大遍路は中遍路二十一度と逆打ち七度である。高野山の参詣とともに逆打ちと関連づけて論を展開されているが、遍路する場所と回数に重点を置いており、単に四国の札所だけを巡るものでないとの解釈である。

4　五来重氏の小行道・中行道・大行道説

五来重氏は『遊行と巡礼』（角川書店、平成元年一二月、一一九頁）で四国遍路について、室戸岬の周辺について、次のように述べられている。

すなわち辺路修行というのは、海岸にこのような巌があれば、これに抱きつくようにして旋遶行道したもので、これが小行道である。これに対して東寺と西寺の間を廻ることは中行道になろう[3]。そしてこのような海岸の巌や、海の見える山上の巌を行道しながら、四国全体を廻ることが大行道で、これが四国辺路修行の四国遍路であったと、私は考えている。

つまり辺路修行の規模（距離）の長短によるもので、四国全体を廻る大行道の辺地修行が四国遍路と考えられておられる。

５　頼富本宏師の説

頼富本宏師は『四国遍路とはなにか』（角川学芸出版、平成二一年一一月、一一九頁）で「四国中辺路」について次のように述べられている。

遍路者を規定する言葉として、多くは「四国中辺路」や「四州中辺路」などという表現が用いられる。この場合の「中辺路」とは熊野参詣にみられる「大辺路」・「中辺路」・「小辺路」とは異なり、むしろ「四国の中（の霊場）を辺路する」という意味であろう。すなわち複数霊場を順に打つシステムとして、先に完成した西国観音順礼が四国の遍路の複数化に貢献したと考えられる。なおこの場合の「辺路」は「辺地」を修行する当初の辺路修行とは相違して「順礼」と同義とみなしてよい。

と記されている。つまり四国中辺路とは「四国中の霊場を辺路する」の意味で四国全体を巡る、いわゆる「四国中、辺路」といえよう。

6　胡光氏の説

冒頭で記したように胡光氏は「四国八十八ケ所霊場成立試論―大辺路・中辺路・小辺路の考察を中心として―」（愛媛大学「四国辺路と世界の巡礼」研究会編『巡礼の歴史と現在』、岩田書院、平成二五年一〇月）で、この問題について貴重な提言をされた。まず伊予・浄土寺、土佐・一宮、讃岐・国分寺の十六世紀前半期の墨書(4)にみられる「四国中辺路」について、「四国、中辺路」か「四国中、辺路」かの選択について考察され、「四国、中辺路」であるとの結論をえている。これに基づき元禄元年本『奉弘法大師御伝記』中に記される大辺路・中辺路・小辺路の問題について、澄禅『四国辺路日記』や真念『四国辺路道指南』、『奉四国中辺路之日記』などを詳しく検討された。その結果、「大辺路・中辺路・小辺路」について、中辺路は八十八ケ所巡り、大辺路は八十八ケ所成立前からある「辺地修行」の系譜を引く広範なもの。小辺路については十分な検討が行えなかったとして、阿波一国参り、十ケ所参り、五ケ所参りなどの可能性を見いだされている。つまり小辺路とは、小地域を巡る規模の小さな辺路という考えを示され、四国辺路の成立論に貴重な提言が行われた。そして十六世紀前半期にみられる建物や仏像の墨書の「中辺路」について

室町時代の落書きに見る「中辺路」は八十八ケ所成立前夜であって、現行札所に見られることからも、大師信仰を背景に札所化しつつあった霊場を巡る「辺路」が誕生しており、一乗谷住人に表されるように在家信者も行える「辺路」であって、修行者の「辺地修行」は「大辺路」であったのではないだろうか。

とされている。在家信者も行える「辺路」とは「中辺路」との解釈であろうか。川岡勉氏[5]も同様に理解されているが、そうであれば、室町時代後期（十六世紀前期）頃には、八十八ケ所が成立していたとの考えである。

7　寺内浩氏の説

先の胡氏の説に対して寺内浩氏は「古代中世における辺地修行のルートについて」（『四国遍路と世界の巡礼』第五号、四国遍路・世界の巡礼研究センター、令和二年三月、一七頁）で、胡氏の説を述べた上で、次のような見解を示された。

「中辺路」は八十八ケ所巡り、「大辺路」は八十八ケ所成立前からある「辺地修行」の系譜を引く広範なものであって、むしろ奥深い山へ踏み込むことが多かった」とし「小辺路」はのちに各地で何ケ所参りと呼ばれるようになる地域的な巡礼としている。このうち、大辺路・中辺路については基本的に支持できるが、小辺路についてはは賛成できない。同じ辺路なのに大辺路・中辺路は四国を巡り歩くが、小辺路だけ特定の地域しか巡らないとするのは疑問である。（中略）大辺路と中辺路の違いが、訪れる聖地・霊験地の数にあるならば、小辺路も、同じく四国を巡り歩くが、訪れる聖地・霊験地の数が中辺路より少ないものとすべきであろう。

とされた。そして小島博巳氏[6]が想定された中世以来の重要な六十六部の奉納経所の阿波・太竜寺、土佐・竹林寺、伊予・大宝寺、讃岐・善通寺を結ぶ行程のようなものなど八十八ケ所成立期、あるいはそれ以前のいくつかの抽んでた重要な札所を巡るのが、小辺路ではないかとの説を提示された。

二、筆者の見解

筆者も「大辺路・中辺路・小辺路」については以前から関心を抱いていた。なぜなら、かつて論じた版本『(ユ)奉弘法大師御伝記』(7)(以下『御伝記』、総本山善通寺蔵)の中に、次のように記されているからである。

其後四国に八十八所の札所をたてさせ給ふ、坂の数四百八十八、川の数四百八十八、惣て四百八十八里なり、大辺ろ七と(大辺路七度)中へんろ二十一と(中辺路二十一度)小辺ろ三十三ど(小辺路三十三度)を成也

とあり、大辺路・中辺路・小辺路のことが記されている。この『御伝記』は末尾に「元禄元年土州一ノ宮」とあることから、元禄元年(一六八八)に土佐・一宮で開版されたと受け取れる(8)。ただ、この巻物の包紙には「此縁起土州一宮ト有レケトモ実ハ海岸寺ヨリ出ス、近来一宮ノ字ヲ削リ与州石手寺辺ニテ売トキコユ」とあり、讃岐・白方海岸寺の刊行とし、それを伊予・石手寺辺りで販売しているという。このことについては詳しくは判明できないので保留としたいが、制作年は後述する享保年間頃の写本の存在を考慮すれば、元禄元年頃で問題はないであろう。さて、この『御伝記』とは、どのような内容であろうか。簡単に項目別に記す。

① 弘法大師誕生のこと
② 夜泣きのこと

③　成長のこと
④　入唐求法、文殊との問答のこと
⑤　四国八十八ケ所開創のこと
⑥　香川氏と衛門三郎のこと
⑦　辺路の功徳のこと

前半は弘法大師の出生～帰朝までの半生、後半は弘法大師による四国八十八ケ所の開創と讃岐の大名香川氏や伊予の衛門三郎の四国遍路などである。興味深いことに、この『御伝記』に酷似する『弘法大師空海根本縁起』[9]（以下、『根本縁起』）がある。その内容はほとんど変わりないが、一部において相違するところがある。主な相違点として『根本縁起』の末尾あたりに「この縁起を聴聞するものは」とあり、語り物の形態を示しているに対して『御伝記』は版本にすることによって、「聴聞」が消えて読み物風に成っている。また弘法大師が四国八十八ケ所を建立することに続き、『御伝記』では「坂の数四百八十八、川の数四百八十八、惣て四百八十八里」が記されるが『根本縁起』には、それが無いことが大きく異なる。この両者の関係であるが、『御伝記』が元禄元年の刊行、『根本縁起』は元禄十二年の写本であるが、内容的には『根本縁起』の方が古態をみせており、『根本縁起』（慶長頃の作か）を元にして『御伝記』が元禄元年に版本として刊行されたものと考えている。なお詳しく言えば『根本縁起』も『御伝記』も弘法大師が讃岐・白方屏風ケ浦で、父をとうしん太夫、母をあこや御前として誕生したという奇異な弘法大師伝である。この奇異な大師伝には、すでによく知られている『説経苅萱』「高野巻」が存在する。主な伝本には次の三本が知られている。

①　絵入り写本「せつきやうかるかや」（サントリー美術館蔵・慶長頃の制作か）

② しやうるりや喜衛門版「せつきやうかるかや」（寛永八年刊）
③ 江戸版木屋彦衛門版「かるかや道心」（寛文初年刊）

この内、高野巻は①になく、②の寛永八年版にみられるが、これについて、阪口弘之氏[10]は両者を詳しく比較して、①の絵入り写本に、すでに「高野巻」が存在したことを明らかにされている。そして「高野巻」は四国在地の弘法大師伝が関係するが、四国在地の弘法大師伝とは『根本縁起』と考えられる。つまり「高野巻」は『根本縁起』を取り込みながら作られたとみられる。したがって『根本縁起』は絵入り写本に先行して存在したと考えており、これが四国遍路の開創縁起ともいえるものである。

ここで『根本縁起』系と『御伝記』系の写本十点余について「大辺路・中辺路・小辺路」の箇所を検討したい。

1 『弘法大師空海根本縁起』系の写本

◎『弘法大師空海根本縁起』・元禄十二年（一六九九）正月廿八日写（個人蔵）
　扨又四国に八十八ケ所を御建立有りて、始めて辺路を三十三度、中辺路を七度させ給う。
◎『空海縁起』・寛保三年四月（一七四三）再写、宝永二年（一七〇五）写（個人蔵）
　其後四国八拾八ケ所御建立成り、初めて辺路を三十三度、中辺路二十一度、大辺路七度。
◎『弘法大師縁起』・蔵和元年三月（蔵和は承和のことか[11]）（徳島県立図書館蔵）
　其後四国に八十八ケ所建立□□上遍路三拾三度、中遍路弐拾一度、下遍路七度成就、
◎『弘法大師御縁起』・宝暦七年（一七五七）如月（個人蔵）
　四国に八十八所をこん里う有りて、辺路を三十三遍ん、中辺路を廿壱遍ん、たひ辺路を七度。

◎『弘法大師縁起』・寛政十二年（一八〇〇）三月吉日（個人蔵）

四国八十八ケ所を御建立始めてとして上辺路三十三度、中辺路を廿一度、大辺路を七度。

2　『(ユ) 奉弘法大師御伝記』系の写本

◎『標題無し（巻子本）』・享保十二年（一七二七）六月□日写本（個人蔵）

其後四国に八十八ケ所の札所を立させさせ給ふ、坂の数四百八十八、川の数四百八十八、惣て四百八十八里なり、大遍ん路七度、中遍路二十一度、小遍路三十三度

◎『弘法大師御傳記』・享保十五年（一七三〇）八月五日写本（個人蔵）

其後四国八十八所の札所を立させ給う。坂ノ数四百八十八坂、川之数四百八十八川、道ノ法、四百八十八里也。大遍路七度、中辺路廿一度、小辺路と申して七ケ所ノ納ル

◎『弘法大師御傳記』・天明四年（一七八四）正月八日（個人蔵）

そののち四国に八十八ケ所の札所をたてさせ□□坂のかす四百八十八坂、川のかす四百八十八川、惣て四百八十八里也。大辺路七度、中辺路廿一度、小辺路三十三ど。

◎『弘法大師御傳記』・享和三年（一八〇三）正月吉日（個人蔵・愛媛県歴史文化博物館寄託）

其後四国八十八ケ所の札所を立させ給う。坂の数四百八十八坂、川の数四百八十八河、道仲惣して四百八十八里也。大辺路七度、中辺路貳拾一度、小辺路三拾三度。

◎『弘法大師御伝記』・嘉永二年（一八四九）五月一日（高木氏紹介本）

其後四国八十八ケ所の札所ヲ立させ給ふ。坂の数四百八十八坂、川数四百八十八川、惣て四百八十八里

也。大遍路七度、中遍路廿一度、小遍路三拾三度罷成ル候也。

◎『弘法大師御傳記』・嘉永七年（一八五四）菊月下旬（個人蔵・徳島県立博物館寄託）

其後四国ニ八十八ケ所ノ札所ヲ建させたまふ。坂の数四百八十八坂、川の数四百八十八川、惣じて四百八十八里也、大遍路七度、中遍路廿一度、小遍路三十三度。

◎『南無弘法大師縁起』・文久四年（一八六四）（高木氏紹介本）

其後、四国八十八ケ所札所をヒラカセ、坂ノ数四百八十八、総ジテ四百八十八里ナリ。大辺路七度、中廿一ペン□□、小辺路三十三度。

以上、筆者が確認している写本について記してきたが、『根本縁起』系では「辺路」、「中辺路」または「辺路三十三度、中辺路二十一度、大辺路七度」がみられ「小辺路」はみられない。ただ最古の元禄十二年写本（個人蔵）は「辺路」、「中辺路」としており、「大辺路」がみられるのは『御伝記』系の影響であって、元来は「辺路」と「中辺路」のみであったと思われる。

一方、『御伝記』系では「大遍路七度、中遍路二十一度、小遍路三十三度」とあり、明確に「大・中・小」遍路が確認できる。これに関連して、すでに記してきた十六世紀前半の土佐・一宮、伊予・浄土寺、讃岐・国分寺の建物や仏像にみられる墨書をみると「四国辺路」、「四国中辺路」はみられるが、「大・中・小」辺路は確認できない。これらのことから、古くは「辺路」と「中辺路」のみであったことが推察される。それは先記した『根本縁起』系も同様とみられ、留意すべきであろう。その後、元禄元年の『御伝記』では「大辺路・中辺路・小辺路」が新たにみられるのである。したがって「大辺路・中辺路・小辺路」の文言は元禄元年本『御伝記』の作者による造語と考えられる。なお「中辺路」に関して言えば、高知・中土佐町の石塔には「四国仲邊路□七度成就也」[12]とあり、「四国仲辺路」の刻字がみられ留意される。これについては五三番・円明寺の慶安三年（一六五〇）の銅製納札に「（ユ）奉納四國仲遍路同行二人」がよく知られる。ただ近時の研究では、この銅製納札の制作年に異論[13]が提示されており、留意されるが「仲辺路」、「仲遍路」の数少ない例として掲示するのみで後考を待ちたい。

以上、先行研究を元にして筆者の見解を示したが、次のように簡単にまとめてみた。

①　「大辺路・中辺路・小辺路」がみられるのは元禄元年（一六八八）刊行の『御伝記』が初出である。『御伝記』は『根本縁起』（筆者は慶長頃の制作と考えている）を元にして制作されたものである。

②　『根本縁起』には「辺路を三十三度、中辺路を七度させ給う」とあり、大・中・小辺路は見られない。「大辺路・中辺路・小辺路」の文言は『御伝記』の作者やその周辺の人達の造語と考えられる。

③　胡光氏の「中辺路は八十八ケ所、大辺路はそれを上回る規模の大きなもの、小辺路は小地域の辺路」の解釈は、澄禅『四国辺路日記』、真念『四国辺路道指南』、『御伝記』、『奉納四国中辺路之日記』を考慮すれば正鵠を射たものである。なお小辺路については享保十五年（一七三〇）八月五日写本の『弘法大師御傳記』に「大遍路七度、中遍路廿一度、小辺路と申して七ケ所の納る」とあり、小辺路について「七ケ所辺路」[14]の存在を記していることから、胡氏の説が証明される。

④　室町時代後期にみられる墨書は「四国辺路」と「四国中辺路」に分けられ、大辺路、小辺路はみられない。なお「四国中辺路」ついては、『根本縁起』にみられる「辺路を三十三度、中辺路を七度させ給う」からみて、胡氏の説のとおり「四国、中辺路」と考えられる。また「辺路を三十三度、中辺路を七度」からみて、中辺

路の方が規模が大きい（距離が長い）と考えられる。

⑤『御伝記』にみられる「大辺路・中辺路・小辺路」の「中辺路」と室町時代後期の墨書の「中辺路」とは成立過程からみて異質であり、同一には論じられない。八十八ヶ所の成立を室町時代後期に遡らせることは、現段階での辺路資料からは難しく、今後の研究課題である。

⑥室町時代後期の墨書の「四国辺路」、「四国中辺路」については、高知県宿毛市の『蕨岡家文書』[15]がひとつの参考資料となる。

一、諸国より四国辺路仕者、弘法大師之御定を以、阿波之国鶴林寺より日記ヲ受、本堂横堂一国切ニ札ヲ納申也。依之土佐之国分ハ寺山ニテ札仕廻、伊予之国へ、宇和之郡ニ而、御庄平城村観自在寺ヨリ札初、次ニ笹山へ札を打、其より津島万願寺へ札納通申御事。

とある。これからみて四国辺路には、一国ごとに初めと終わりがある「一国参り」の存在が想定される。ここで考えられることは、「一国毎の辺路（一国参り）」と「四国全体を巡る辺路」の存在が考慮される。それが室町時代の墨書の「四国辺路」と「四国中辺路」に相当するかは不明である。

⑦『根本縁起』や『御伝記』に酷似する『四國邊路御開基弘法大師縁起』[16]（元文元年―一七三六年版）には「其後四国に八十八ケ所をこんりうなされはじめて上遍路三十三度、中遍ん路廿一度、下遍んろ七度」とあり、大・中・小から「上・中・下」に変化することを付記しておきたい。

おわりに

四国遍路の歴史的な研究は近年、数多くの論文が発表され、着実に進展していることを実感する。例えば澄禅『四国辺路日記』の詳しい解明がなされたこと[17]、真念『四国辺路道指南』の成立と展開が明らかにされたこと[18]、南海地震による三ケ国遍路が存在したことなどが挙げられる[19]。さらに八一番・白峯寺から享禄五年（一五三二）の六十六部の奉納経筒[20]、また『(ユ) 奉弘法大師御伝記』や『奉納四国中辺路之日記』[21]などの発見が相次ぎ、新たな展開が見られた。一方で、かつて四国辺路研究の基本的な資料であった文明三年銘の鰐口[22]、空性法親王『四国霊場巡行記』、慶安三年（一六五〇）の円明寺の銅製の納札などについて制作年代などが問われるようになり[23]、これまでの四国遍路の歴史的研究の再考に迫られていることも、また遍路研究の成果であるといえよう。

こうした成果とは別に、室町時代後期の墨書を元にした四国辺路の成立論や八十八ケ所のことなどについても徐々に進展はしているが、未だ明確ではない。本論では、この時期の解明に挑戦したが、多くの成果は得られなかった。現在残されている資料からだけでは限界がある。かつて近藤喜博氏は『四国遍路研究』（三弥井書店、昭和五十七年十月、一七七頁）の中で「前にも述べた古浄瑠璃のアコウ御前の八十八ケ所は、ようやくそれを示す一つだったが、私には何としても、修験色の強い、あの弘法大師八十八ケ所山開きの如き史料にして、しかもその古いのが欲しいのである。」と述べられている。「山開きの如き史料」とは『弘法大師空海根本縁起』であり、『(ユ) 奉弘法大師御伝記』のことである。四十年後の現在、この二つの史料は今や十点余を数えるほど、見出すことができている。私もここで述べさせて頂きたい。「何としても慶長頃の有力な辺路資料が欲しいのである。」それも「八十八ケ所」と記されたものが見つかることを願っている。

注

（1）胡光「四国八十八ケ所霊場成立試論―大辺路・中辺路・小辺路の考察を中心として―」（愛媛大学「四国遍路と世界の巡礼」研究会編『巡礼の歴史と現在』、岩田書院、平成二五年一〇月）三七～五三頁。愛媛大学教授・胡光氏から種々のご教示を頂いた。

（2）『哥吉回国物語』は廣江清『近世土佐遍路資料』（私家版、昭和四一年一〇月）。

（3）五来重氏の「中行道」に相当するものとして、香川・観音寺蔵『讃州七宝山縁起』がある。これは徳治二年（一三〇七）に記されたもので、七宝山観音寺（琴弾山）から出釈迦山を結ぶ修行地七ケ所（宿）の存在を示している。（武田和昭『四国辺路の形成過程』、岩田書院、平成二四年一月）四三～五七頁に全文掲載。

（4）近藤喜博『四國遍路』（桜楓社、昭和四六年一月）一四〇～一五〇頁。

（5）川岡勉「四国八十八ケ所の成立」（愛媛大学四国遍路・世界の巡礼研究センター編『四国遍路の世界』筑摩書房、令和二年四月）二六頁。

（6）小島博巳「六十六部巡礼地再考―八十八ケ所の成立とも関わらせて」（『四国遍路と世界の巡礼』第四号、平成三一年三月）一～一二頁。

（7）前掲注（3）武田和昭『四国辺路の形成過程』八一～一四三頁。同『四国へんろの歴史』（美巧社、平成三一年二月）二〇九～二二六頁。

（8）同前。

（9）前掲注（3）武田和昭『四国辺路の形成過程』八一～一四三頁。

（10）阪口弘之「説経『かるかや』と高野伝承」（『国語と国文学』七一～一〇、平成六年一〇月）。

(11) 徳島県立図書館本の所蔵と蔵和元年について、「承和元年ではないか」とのことについては、寺内浩氏からご教示いただいた。
(12) 林勇作『土佐の石造遺品集―平安～江戸時代』(私家版、平成七年二月)八五頁。
(13) 円明寺銅製納札は小松勝記『四國へンロとは』(富士書房、令和二年三月)九一～九八頁。
(14) 「七ケ所辺路」は土佐国、伊予国に江戸時代の古記録がみられる。土佐国では前掲注(2)、廣江清『近世土佐遍路資料』二頁。
(15) 橋田庫欣・津野松生編『宿毛市資料(三)』(宿毛市教育委員会、昭和五三年一二月)一二頁。
(16) 喜代吉榮徳「『四國邊路御開基弘法大師御縁起完』(『四国辺路研究』五、海王舎、平成六年一二月)。
(17) 柴谷宗叔『江戸時代初期の四国遍路―澄禅『四国辺路日記』の道再現』(法蔵館、平成二六年四月)。
(18) 新居正甫『真念「四国遍路道志るべ」の変遷・書誌研究その二』(私家版、平成二六年八月)。
(19) 三ケ国遍路については本書第四章および喜代吉榮徳「辺路札所、呼称の変容・跋扈について」(『善通寺教学振興会・紀要』第一六号、平成二三年三月、善通寺教学振興会)一八～二一頁。
(20) 片桐孝浩「白峯寺所蔵遺物」(香川県政策部文化振興課編『白峯寺調査報告書、第二分冊』香川県、平成二五年三月)。
(21) 内田九州男「資料紹介・『奉納四国中辺路之日記』」(『四国遍路と世界の巡礼研究』プロジェクト、平成二〇年三月)。
(22) 内田九州男「四国八十八ケ所の成立時期」(『四国遍路と世界の巡礼』法蔵館、平成一九年五月)八三～一〇三頁。
(23) 小松勝記『四國へンロとは』(富士書房、令和二年三月)九一～一〇八頁。

第三章　新出の天和四年・出釈迦寺版『日記』について

はじめに

平成二十年三月三十一日に内田九州男氏によって「資料紹介・『奉納四国中辺路之日記』[1]」が公刊された。紹介された『奉納四国中辺路之日記』は、真念『四国辺路道指南』と比較すれば、内容的に簡略ではある。しかし真念よりも一時代前の四国辺路の実情を知る箇所が数多く窺え、四国辺路研究にとって極めて重要で、大きな意味を持つ発見であった。それから十年程を経たが、筆者は幸いに先記した元禄元年刊の『奉納四国中辺路之日記』と内容的に酷似するが、元禄元年（一六八八）よりもさらに四年遡る、天和四年（一六八四）に「我拝師山出釈迦寺」で開版された新出資料（日記）を目にすることができた。ここでは新出の（仮称）『天和四年版奉納四国中辺路ノ日記』を元に、真念以前の四国辺路の一面を考察するものである。

一、元禄元年版『（ユ）奉納四国中辺路之日記』の内容

まず、はじめに内田九州男氏により紹介された『（ユ）奉納四国中辺路之日記』をみてみたい。この日記は愛媛県伊予市中山町の玉井家文書の中から、平成十九年十一月に内田氏によって見いだされ、その後、平成二十年三月に「資料紹介・『奉納四国中辺路之日記』」として刊行された。巻首に修行中の弘法大師像があり、ついで「（ユ）奉納四国中辺路之日記」とある。続いて札所の「本尊名、本尊像、里程、詠歌」が長方形の区画を設けた中にみられる。これが阿波、土佐、伊予、讃岐の順で大窪寺まで八十八ケ所が明示される。末尾には「空海（御手判の渦文）元禄元年土州一宮　長吉飛騨守藤原□□」とあり、元禄元年に土佐一宮で開版されたように見受け

られる。

この『（ユ）奉納四国中辺路之日記』（以下、『元禄元年版日記』という）の内容については、すでに内田氏によって細かく分析され、興味深いことが数多く判明している。まず遍路道のコースについては真念『四国辺路道指南』[2]（以下、真念『道指南』という）と殆ど同様であるが、次の箇所が大きく異なる。

真念『道指南』	『元禄元年版日記』
六〇番・横峰寺	一之宮
六一番・香園寺	こうおん寺
六二番・一之宮	よこみね寺
六三番・吉祥寺	石つち山
六四番・里前神寺	吉じやう寺
六五番・三角寺	三角寺

両者の相違について、内田氏は横峰寺と里前神寺が石鎚権現の別当職を巡って激しく争っていたことに起因すると考えておられる。しかし、これについては真念『道指南』に

いにしへハ一の宮、かうおん寺、よこミねと順に札おさめしかども、一の宮を新やしきむらへうつし奉るによりて、今ハ大明神がハらより右へ、よこみね、かうおん、一の宮と打、

とあることにより、この相違は一之宮が移動したことに起因するのである。なお札所の記載順が『元禄元年版日

記』と澄禅『四国辺路日記』[3]（以下、澄禅『辺路日記』という）と同様であることは看過できない。澄禅は石鎚山について「石槌山　大権現　本地阿弥陀如来　岳迄八十二里也」とし、六月一日には参拝できるが、それ以外の時の札納めは横峰寺であるとし、吉祥寺までの距離も十二里としている。『元禄元年版日記』の石鎚山から吉祥寺までは、確かに十二里と記されている。ここで留意しなければならないのが、前神寺の存在である。『元禄元年版日記』では横峰寺→石鎚山→吉祥寺→三角寺で、前神寺が見られない。澄禅『辺路日記』をみると、吉祥寺の次に「前神寺トテ札所在リ、是ハ石槌山ノ里坊也。爰ニモ札ヲ納ル也」とあり、石鎚山に直接参拝できない場合は石鎚山の里坊として前神寺で札納めするのである。つまり『元禄元年版日記』は石鎚山に直接参拝するコースが記されており、古い形態を示しているのである。したがって、直接石鎚山に参拝した時代には、里前神寺は本来的な札所でなかったことが推察される。当然ながら澄禅は石鎚山まで行くことができないので、吉祥寺の次に里前神寺に札納めをしている。

次に内田氏は澄禅『辺路日記』に記されている「或る『日記』」の存在を次のようにあげられている。

薬王寺の項　「爰ニ辺路札所ノ日記有り、各買之也」

曼荼羅寺の項　「日記ニハ善通寺ヨリ□町、善通寺ヨリ甲山寺ニ□町ト有り、

崇徳天皇の項　「世間流布ノ日記ニハ如此ナレドモ、大師御定ノ札所ハ彼金山ノ薬師ナリ」

日記の末尾　「世間流布の日記　札所八十八ケ所、道四百八十八里、河四百八十八瀬、坂四百八十八坂」

これは「辺路札所の日記」または「世間流布の日記」と呼ばれた『日記』について言及され、「制作が元禄元年（一六八八）であるが、おそらくこれに先行しかつ内容面では非常に良く似た「辺路札所ノ日記」が「世間流布ノ日記」といわれるように、かなり広がっていたのではないだろうか」との重要な指摘[4]をされた。澄禅の時代

から三十数年後のことであるが、真念『道指南』とは異なり、『元禄元年版日記』は四国辺路の古い形態を知る貴重な資料として、その存在は極めて大きいといえよう。

なお玉井家本（内田氏紹介本）『元禄元年版日記』とは別に、同様の日記が次のように確認されている。

◎町見郷土館蔵[5]（愛媛県・伊方町）

この日記は高島賢二氏により、旧瀬戸町資料を納めた木箱の中から見い出されたもので、佐田岬の大久浦の遍路の持ち物であったと考えられている。現存するのは土佐の「かうのミね寺（二七番）」から伊予の二十六ケ所と讃岐の二十三ケ所及び末尾の一部で、阿波全部と土佐の一部が亡失している。実際に使用されたとみられ、汚れや折れなどがあり、保存状態はあまり良好ではないが、玉井家本よりも本尊像や文字が比較的分かり易く、玉井家本で不鮮明の箇所を補強できる意味でも貴重な存在である。

◎個人蔵[6]

この日記は伝来が不明であるとともに、前半部分が失われ、土佐の「新田五社（三七番）」から末尾までが残されているのみである。玉井家本と酷似するが、刊記の「元禄元年土州一ノ宮　長吉氏」となっており、留意されよう。また紙面が比較的新しく感じられることなどを含め、後世の復刻版ではなかろうかとの指摘がある。確かに末尾の「空海」や御手印も子細にみれば微妙に相違しており、玉井家本とは異なる版木が用いられたとみられよう。このことは『元禄元年版日記』が再版されるほど多くの需要があった証で、それはまた重要な情報となる。

現在、筆者が確認しているのは以上の二点と玉井家本及び別の一点[7]の合わせて四点であるが、版木の摩滅状態や個人蔵の例を考慮すれば、この種の日記が数多く刷られたとみられ、今後の新たな発見に期待したい。

二、（仮称）『天和四年版奉納四国中辺路ノ日記』

元禄元年刊記の『元禄元年版日記』の存在は、四国辺路研究の中で極めて重要な資料であることは先記したが、これに類するものが最近確認された。まず書誌的なデータを示す。法量は現状で縦一四・三センチ、横四九七センチ。緒紙十一枚継ぎ（一紙・四五・一センチ）である。版面の法量は縦一四センチ、横六〇・五センチとし、各札所の枠は横五・七〜六・〇センチである。これは先記した『元禄元年版日記』に比べ、かなり幅広で、およそ二倍である。現状からみると焼山寺から始まるが、それより前の札所の箇所が、いつの頃にか忘失したことは明白である。つまり霊山寺（一番）から藤井寺（一一番）までが存在したと推測して間違いなかろう。焼山寺の箇所をみると、縦一四・〇センチ、横五・八センチに区画され、向かって右上半分位に虚空蔵菩薩の像があり、その下に寺名と本尊名を大きく表し、その中間に里程がある。この左側に詠歌[8]が二行に添えられている。この形状が八十八番まで続き、末尾に刊記がみられる。次に留意すべき項目について真念『道指南』、澄禅『辺路日記』、『元禄元年版日記』、（仮称）『天和四年版奉納四国中辺路ノ日記』（以下、『本日記』という）を比較する。

（1）寺社名

寺社名について、『本日記』は明らかに誤記と思われるものが「青龍寺」が「清龍寺」、「延命寺」が「因明寺」、「香園寺」が「香蘭寺」、「大窪寺」が「大窪寺」として確認できる。なお記載順をみると『元禄元年版日記』や真念『道指南』では、六八番琴引八幡宮→六九番観音寺であるが、『本日記』では観音寺→琴引宮となり、逆となっている。これは澄禅『四国辺路日記』と同様で古い形を示しており留意すべきであろう。

(2) 本尊名

『本日記』では、焼山寺よりも前部が亡失しており比較できないので、焼山寺以後について比較する。本尊名が異なるのは次のとおりである

札番	寺社名	『道指南』	澄禅『辺路日記』	『元禄元年版日記』	『本日記』
3	金泉寺	釈迦	三如来	三如来	―
9	法輪寺	釈迦	三如来	三如来	―
10	切幡寺	千手	三如来	千しゅ	―
55	三島宮	記載無し	大通智勝仏	大日如来	大日如来
66	雲辺寺	十一面	千手	千手	千手
73	出釈迦寺	釈迦	無	虚空蔵	釈迦・虚空蔵
82	根香寺	千手	千手	十一面	千手
87	長尾寺	正観音	正観音	正観音	十一面観音

以上のように数ケ所で異なる。まず澄禅『辺路日記』では金泉寺、法輪寺、切幡寺で「三如来」とする。ただ三如来とは「釈迦、薬師、阿弥陀」と一応の推測はできるが、詳しくは不明とせざるを得ない。『元禄元年版日記』の金泉寺、法輪寺は三如来と読めるが、『本日記』は欠落部分で比較できないが、全体的な記載例からみて、金泉寺と法輪寺は三如来としてよいであろう。なお切幡寺は澄禅『辺路日記』では三如来とするが、『元禄元年

版日記』では千手であることから、『本日記』も千手観音の可能性が高い。

次に三嶋宮は澄禅が「本地大日ト在ドモ、大通智勝仏ナリ」と記しているように、大通智勝仏が本地であるが、『元禄元年版日記』、『本日記』とも大日としており、澄禅が入手した「世間流布の日記」と同様とみられる。

出釈迦寺については、澄禅の時代には出釈迦山（禅定）が札所であったが、急坂のため、天和年間頃に出釈迦寺を創建して、札所が移動したとみられる。『本日記』の本尊は「釈迦・虚空蔵」とされ、釈迦と虚空蔵が併記されているが『元禄元年版日記』では「虚空蔵」、『道指南』も「虚空蔵」となっている。おそらく創建の直後であったことから、混乱が生じたのであろうが、寺名からして本尊は釈迦如来であるが、虚空蔵は本尊と同等の重要性をもっていたのであろう。なお雲辺寺は『道指南』では十一面とするが他は千手であることから『道指南』の誤記であろう。根香寺の十一面と千手との相違は『元禄元年版日記』の誤記であろうか。長尾寺は『本日記』では十一面観音であるが他は正観音であるので、『本日記』の誤記とみられる。

（3）詠歌

詠歌については『本日記』と『元禄元年版日記』とも全体的には、ほぼ同様であるが、次の札所が大きく異なる。

五台山（竹林寺）

『元禄版日記』　なむもんじゅみよのほとけの母聞、われも子なればちこそほしけれ

『本日記』　ほうをけ□さんやいたせる五たいさんもんしゅのちへをぐちの子にたへ

高福寺（雪渓寺）

『元禄版日記』　たひのミちうへしも今ハこうふくし、のちのたのしミあり明の月
『本日記』　たひの道そへしも末の高福寺、心におおきたのしミそある
仏木寺
『元禄版日記』　くさも木も佛になれる仏木寺、なをたのもしの木竹人てん
『本日記』　草も木も佛になれる佛木寺、猶頼もしき木竹成りけり
太山寺
『元禄版日記』　太山へのほれハあせの出けれと、後生のためとおもへハくもなし
『本日記』　太山へのほれハあせの出けれと、後生引導願ひおきつつ
三嶋宮
『元禄版日記』　此所ミしまのゆめのさめければ、へつくうとてもおなじすいじやく
『本日記』　斯おもて取わけ宮をみかけるは、めくミたつとき神とこそしれ
大窪寺
『元禄版日記』　なむやくししよびようなかれとねがいつつ、まいれる人は大くぼのてら
『本日記』　南無薬師るりの薬を望つつ、まいれる人の大窪の寺

相違の原因はよく分からないが、複数の詠歌が存在したことも念頭に入れる必要があろう。ただ真念『道指南』以前に、すでに八十八ケ所の各札所で詠歌が存在したことの意味は大きい。つまり従来云われてきた、真念あるいは真念のグループが制作したとする説が否定される(9)からである。

（４）里程

各札所間の里程について澄禅『辺路日記』、『本日記』、『元禄元年版日記』、真念『道指南』を比較してみたい。

阿波・二十三ケ所分　（札所名は真念『道指南』による）

	札所名	澄禅『辺路日記』	『本日記』	『元禄元年版日記』	『道指南』
1	霊山寺	一八町	―	一八丁	一〇町
2	極楽寺	二五町	―	三五丁	三五町
3	金泉寺	一里	―	一里	一里
4	大日寺	一八町	―	一八丁	一八町
5	地蔵寺	一里	―	一里	一里
6	安楽寺	二一町	―	一〇丁	一〇町
7	十楽寺	一里	―	一里	一里
8	熊谷寺	一八町	―	一八丁	一八町
9	法輪寺	二五町	―	二五丁	二五町
10	切幡寺	―	―	一里	一里半
11	藤井寺	―	―	三里	三里
12	焼山寺	―	三里	六里	五里
13	一宮寺	一八～九町	一八町	一五丁	一五町
14	常楽寺	七～八町	八町	八丁	八町
15	国分寺	二五町	二三町	一八丁	一八町

16	観音寺	一八町	一里	一八丁	一八町
17	井土寺	｜	六里	六里	五里
18	恩山寺	一里	一里	一里	一里
19	立江寺	三里	三里	二里	三里
20	鶴林寺	二里	二里	二里	一里半
21	大竜寺	三里	三里	三里	二里三〇町
22	平等寺	七里	七里	五里	七里
23	薬王寺	二一里	二一里	二一里	二一里

土佐・十六ケ所分

	札所名	澄禅『辺路日記』	『本日記』	『元禄版日記』	真念『道指南』
24	東寺	一里	一里	一里	一里
25	津寺	一里	一里	一里	一里
26	西寺	不明	一〇里	七里	七里
27	神峰寺	九里	九里	九里	九里
28	大日寺	一里	一里	二里	一里半
29	国分寺	二里	二里	二里	一里半
30	一之宮	記載なし	五〇町	二里	二里
31	五台山	二里	二里	二里	一里半
32	禅師峰寺	一里	一里	二里	一里半

33	高福寺	二里	二里	二里	二里
34	種間寺	二里	二里	二里	二里
35	清滝寺	三里	三里	三里	二里半
36	青竜寺	一三里	一三里	一三里	一三里
37	五社	不明	二一里	二一里	二一里
38	蹉跎山	不明	一三里	一三里	一二里
39	寺山院	七里	七里	七里	七里

伊予・二十六ケ所分

	札所名	澄禅『辺路日記』	『本日記』	元禄版『日記』	真念『道指南』
40	観自在寺	一〇里	一〇里	一四里	一三里（大がんどう）
41	稲荷宮	二五町	二五町	二五丁	三〇町
42	仏木寺	三里	三里	三里	三里
43	明石寺	二一里	二一里	二一里	二・里
44	菅生山	七五町	三里	三里	三里
45	岩屋寺	八里	八里	八里	八里
46	浄瑠璃寺	二五町	五町	七丁	五町
47	八坂寺	二五町	二五町	二六丁	一里
48	西林寺	二五町	二五町	二五丁	二五町
49	浄土寺	二五町	二五町	一五丁	一五町

讃岐・二十三ケ所分

	札所名	澄禅『辺路日記』	『本日記』	元禄版『日記』	真念『道指南』
50	繁多寺	二一町	二一町	二五丁	二五町
51	石手寺	二里	二里	二里	二里
52	太山寺	一八町	一八町	二一丁	一八町
53	円明寺	一〇里	一〇里	一一里	九里
54	延命寺	一里	一里	一里	一里
55	三島宮	一里	一里	一里	一里二町
56	泰山寺	一八町	一八町	一八丁	一八町
57	八幡宮	不明	二五町	一八丁	二〇町
58	佐礼山	不明	一里	五〇丁	一里
59	国分寺	四里	四里	四里	六里
60	横峰寺	（一之宮）一八町	（一之宮）一八町	（一の宮）二五丁	三里
61	香園寺	（香園寺）不明	（香園寺）三里	（香園寺）三里	八町
62	一之宮	（横峰寺）一二里	（横峰寺）一二里	（横峰寺）九里	七町
63	吉祥寺	（石鉄山）一二里	（石鉄山）一二里	（石鉄山）一二里	一里
64	里前神寺	（吉祥寺）不明	（吉祥寺）一二里	（吉祥寺）一二里	一〇里
65	三角寺	五里	五里	五里	五里

66	雲辺寺	三里	三里	三里	二里半
67	小松尾山	二里	二里	二里	二里
68	琴弾八幡宮	（観音寺）二町	（観音寺）二町	三丁	二町
69	観音寺	（琴弾八幡宮）一里	（琴弾八幡宮）一里	三〇丁	一里
70	本山寺	三里	三里	三里	三里
71	弥谷寺	二〇余町	二六町	二七丁	一里
72	曼荼羅寺	不明	一八町	一八丁	三町
73	出釈迦寺	不明	三〇町	三〇丁	三〇町
74	甲山寺	八丁	一二町	一八丁	一〇町
75	善通寺	不明	一八町	二七丁	三〇町
76	金蔵寺	一里	一里	一里	一里
77	道隆寺	二里	二里	二里	一里半
78	道場寺	二里	二里	二里	一里半
79	崇徳天皇	五〇町	五〇町	五〇丁	一里半
80	国分寺	五〇町	五〇町	五〇丁	五〇町
81	白峯寺	五〇町	五〇町	五〇丁	五〇町
82	根香寺	三里	三里	三里	二里半
83	一之宮	不明	三里	三里	四里
84	屋島寺	不明	三〇町	三〇丁	一里半
85	八栗寺	五〇町	二〇町	五〇丁	一里半

86 志度寺	二里	二里	二里	一里
87 長尾寺	三里	五里	四里	四里
88 大窪寺	五里（切幡寺）	五里（切幡寺）	五里（切幡寺）	五里（切幡寺）

以上のような結果となったが、ここで大きく異なる箇所についてみる。

札所名	澄禅	『本日記』	『元禄元年版日記』	真念『道指南』
12番 焼山寺	不明	三里	六里	五里
26番 西寺	不明	一〇里	七里	七里
40番 観自在寺	一〇里	一〇里	十四里	一三里
73番 出釈迦寺	不明	一八町	一八丁	三町

出釈迦寺の距離は『本日記』、『元禄元年版日記』とも出釈迦山（禅定）までの距離を示しているが、これ以外はよく分からない。

（5）末尾の文言

札所の最後、大窪寺に続いて梵字で「アビラウンケン」とある。これは胎蔵界大日如来の御真言のことである。続いて「道四百八十八里　川四百八十八瀬　坂四百八十八坂」とあり、澄禅『辺路日記』や『元禄元年版日記』と同様である。また「一向志求一切智智必當普度法界衆生」とは、弘法大師撰とされる『即身成仏義』[10]の中に見いだすことができるが、これらは密教的要素また弘法大師の存在を強調するものといえよう。さらに「讃州　我拝師山出釈迦寺　干時天和四年甲子年　三月廿一日　開板之」とあり、天和四年（一六八四）三月二十一日に出釈迦寺において開版されたことが分かる。ただ天和四年は二月二十一日に貞享に改元しているので、正しくは貞享元年である。なお最末尾には「空海」と「御手印」がおかれる。（図1・図2）

三、出釈迦寺の創建と大法師宗善

先記したように、『本日記』の刊記に「讃州　我拝師山　出釈迦寺　天和四甲子年三月廿一日　開板之」とあることから、『本日記』は現在の四国霊場第七三番札所・出釈迦寺において開版されたとみて問題はなかろう。ここで出釈迦寺の歴史をみてみたい。まず四国辺路の記録として重要な承応二年（一六五三）の澄禅『四国辺路日記』に次のように記されている。

> 出釈迦山
> 先五町斗野中ノ細道ヲ往テ坂にカヽル、少キ谷アイノ誠ニ屛風ヲ立タル様ナルニ、焼石ノ如ニ細成ガ崩カヽリタル上ヲ踏テハ上リ〳〵恐キ事云斗無シ。漸峰ニ上リ付、馬ノ頭ノ様成所ヲ十間斗往テ少キ平成所在、是昔ノ堂ノ跡ナリ。釈迦如来、石像文殊、弥勒ノ石像ナド在。近年堂ヲ造立シタレバ一夜ノ中ニ魔風起テ吹崩ナルト也。今見ニ板ノワレタルト瓦ナド多シ。爰只曼荼羅寺ノ奥院ト可云山也。

つまり山上には、かつて堂宇が建てられており、そこが曼荼羅寺の奥院で、札所であったとされるが、出釈迦寺のことはみられない。この時点、つまり澄禅の時代には出釈迦寺は、いまだ存在していなかったのである。管

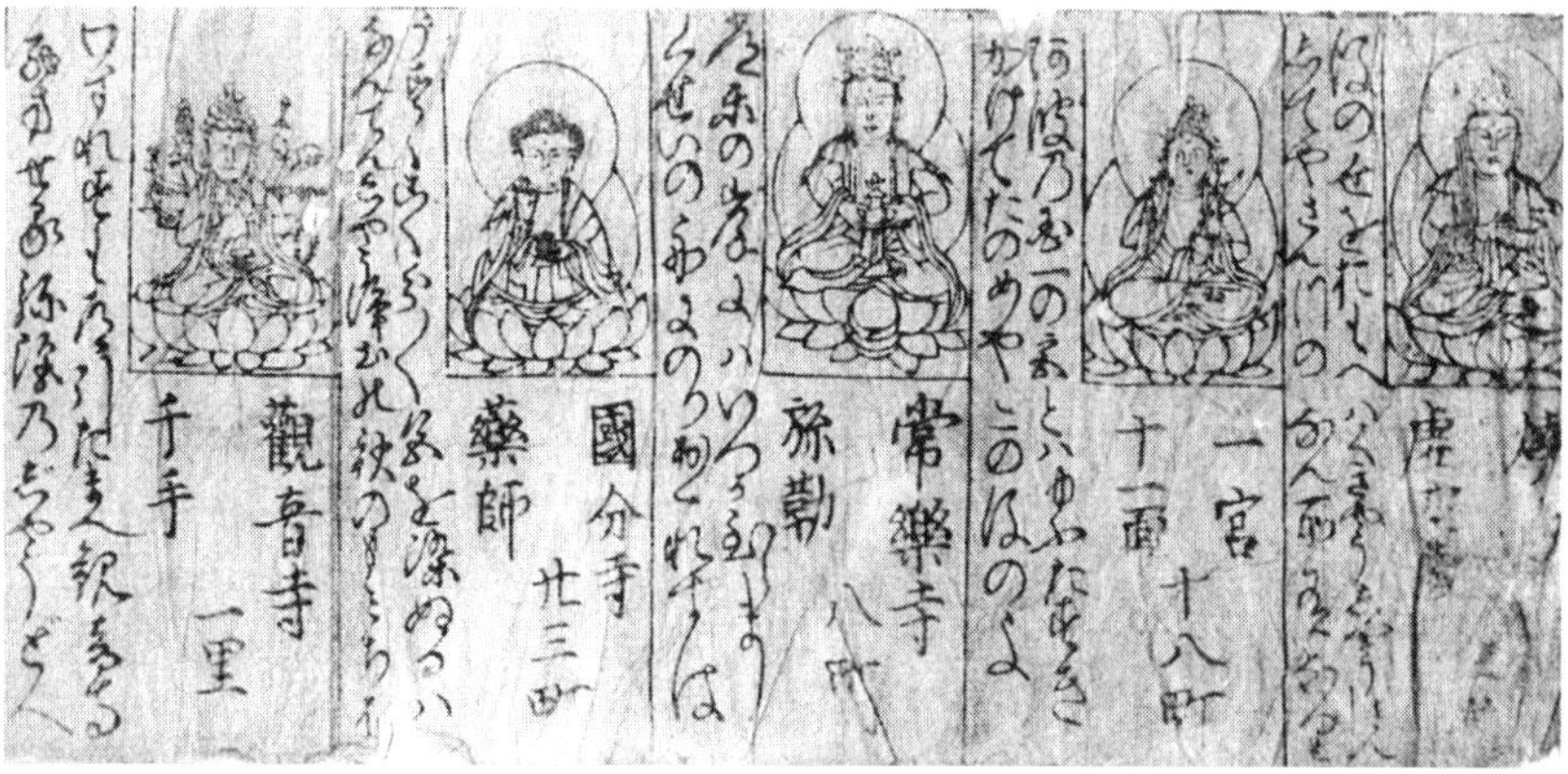

図１　『天和４年・出釈迦寺版日記』（個人蔵）
焼山寺〜観音寺（巻首・現状）

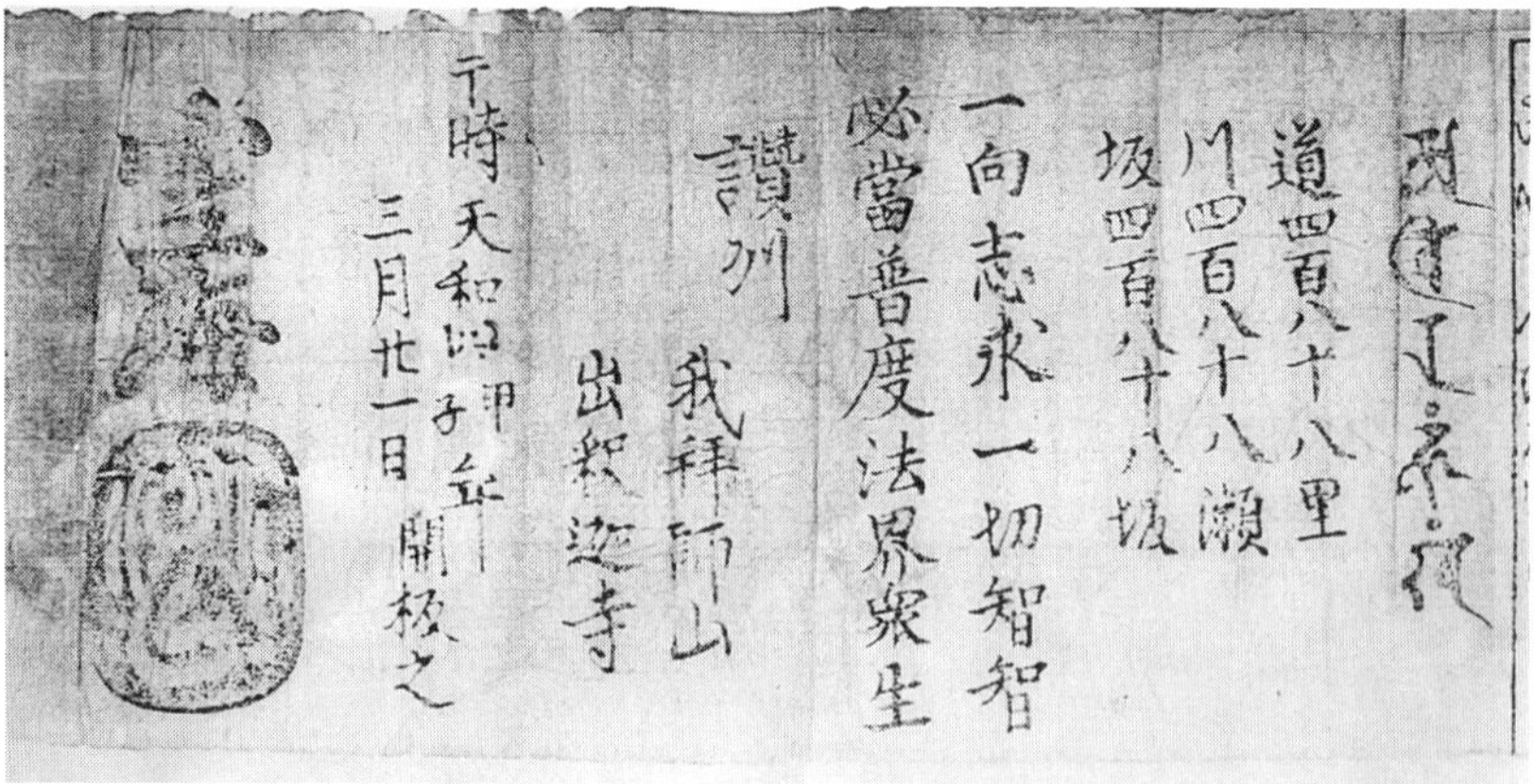

図２　『天和４年・出釈迦寺版日記』（個人蔵）
末尾

見では出釈迦寺の寺名の初出は天和二年（一六八二）三月二十一日の『讃州出釈迦寺虚空蔵堂勧縁之序』[11]で、それに続くのが『本日記』に見られる天和四年である。次に真念『道指南』や寂本『四国徧礼霊場記』が参考となる。貞享四年（一六八七）真念『道指南』には

七十三番出釈迦寺　　少山上堂有　ひがしむき
本尊釈迦　秘仏　御作
まよひぬる六道しゆじやうすくハんとたつとき山にいずるしゃか寺
ほかに虚空蔵尊います
此寺札打所十八町山上に有、しかれども由緒有て堂社なし。ゆへに近年ふもとに堂并に寺を立つ、爰にて札をおさむ。
是より甲山寺迄三十丁。広田むら。

とあり、かつては山上に札所があったが、近年に麓に寺（出釈迦寺）が建立され、そこが札所となったと記している。次に元禄二年（一六八九）の寂本『四国徧礼霊場記』には

我拝師山出釈迦寺
むかしより堂もなかりきを、ちかき比宗善という入道のありけるが心さしありて、麓に寺を建立せりとなり。此山のけはしき所を捨身が岳といふ。

とあって寺を建立したのが宗善という入道であったと記し、建立（創建）者を明確にしているのは貴重な情報である。

さて、ここで『本日記』をみると先記したとおり「出釈迦寺　釈迦　虚空蔵」（図3）とあって、本尊が釈迦如来と虚空蔵菩薩の二尊が記されている。現在の出釈迦寺の本堂をみると、本尊として中央に木造釈迦如来坐像（像高五五・〇センチ）、その脇に木造虚空蔵菩薩坐像（像高六九・六センチ）が安置されている。釈迦如来は江戸時代初期、虚空蔵菩薩は明治時代以降の作と考えられている(12)。なお寺伝では、かつて虚空蔵堂が存在したとのことから、釈迦如来とともに虚空蔵菩薩が創建当初から存在していたことが確認できる。虚空蔵堂に関しては、先記した「讃州出釈迦寺虚空蔵堂勧縁の序」（天和二年―一六八二）が河内延命寺の浄厳大和尚により、撰されたことは特別の意味をもつものであろう。（後述）そして現存する弘法大師像の台座(13)に

奉奇□弘法大師御影壱体

虚空蔵講衆中　願主　宗善

同　宗恩

（以下、人名を四段に記す）

とあり、虚空蔵菩薩に対する講中が存在したたことは、出釈迦寺にとって、虚空蔵菩薩が如

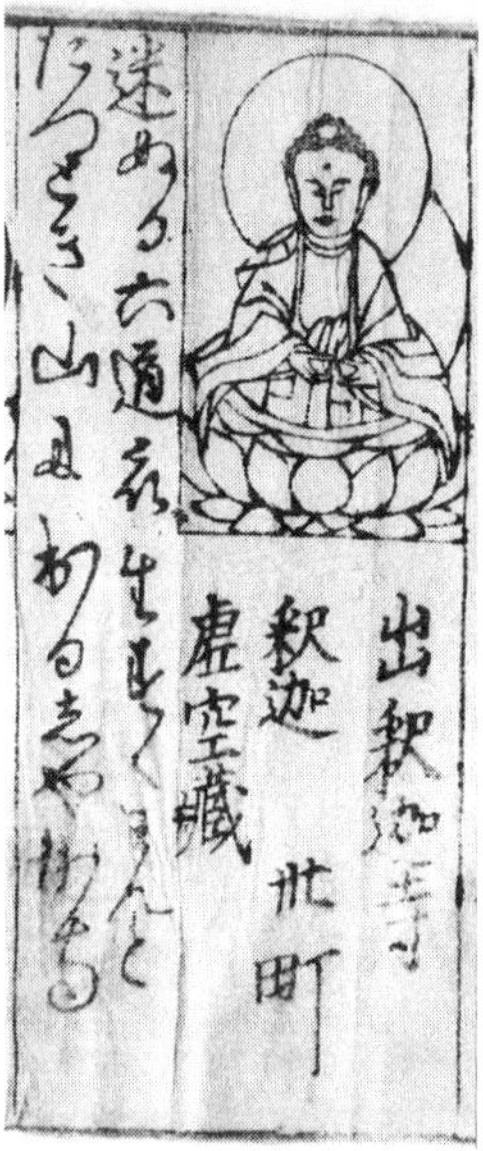

図3　『天和４年・出釈迦寺版日記』（個人蔵）出釈迦寺の項

何に重要であるかが窺える。さて、この釈迦・虚空蔵の二尊について、さらに詳しく見ると、先記した真念『道指南』では「本尊釈迦如来」とするが、「ほかに虚空蔵います」との記述がみられる。一方、『元禄版日記』の本尊は「虚空蔵」とあり、正徳元年（一七一一）『空性法師納経帳』、正徳五年（一七一五）『丹下弥右衛門納経帳』にも本尊は、ともに「虚空蔵菩薩」となっており、いずれが本尊であるか、その判断はまことに難しい。ともかく、この釈迦と虚空蔵が出釈迦寺にとって極めて重要な二尊として認識されるが、釈迦如来は当然のこととしても、なぜ求聞持法の本尊とされる虚空蔵菩薩が安置されたのであろうか。後述するが出釈迦寺創建の中心的人物の宗善は大法師という身分であることから、真言宗の授戒・灌頂を受けていないとみられる。したがって宗善が虚空蔵求聞持法を修したとは考えにくい。敢えて推測すれば出釈迦寺創建に際し、出釈迦山に安置されていた虚空蔵菩薩を麓に降ろし、釈迦如来とともに本尊としたのではなかろうか。『本日記』にみられる二尊の本尊は、先記した出釈迦寺創建時における、種々の事情によると推測した。真念『道指南』では「本尊釈迦」と明確にするが、その後の空性法師や丹下弥右衛門の納経帳で「虚空蔵」としたことは、かつての札所出釈迦山への思い入れであろうか。なお真念『道指南』に「(前略）ゆへに近年ふもとに堂并に寺をたつ。」とあり、これが寺（釈迦如来安置）と虚空蔵堂ではなかろうか[14]との指摘がある。

次に諸記録の中に、しばしば登場する宗善の存在について考察したい。宗善の墓石は出釈迦寺の境内から少し下った集合墓地の中に確認できるのは得難いことである。高さ一〇四・〇センチ、正面幅三九・〇センチ、厚さ一九・〇センチの圭頭形の墓石で、数多くの墓石の中に混じるが、ようやく次のように確認[15]できる。

元禄三庚午年
正面　（ア）出釈迦寺中興開山大法師宗善
十月二日

とあり、元禄三年（一六九〇）十月二日に没していることが分かる。残念ながら享年が刻まれておらず、また出釈迦寺の位牌、過去帳にも確認できないことから、ここでは生年は判明しない。ただし、墓石に中興開山とあることから、宗善が出釈迦寺の創建に関わる中心人物であったことは間違いないであろう。そして「大法師宗善」とあるのも興味深い。浅井證善師[16]によれば大法師とは真言宗の元で得度（出家）はしているが、授戒、灌頂を受けておらず真言宗の正式の密教僧とは認められていないという。ただ江戸時代には、こうした法師、大法師が数多く存在したことは、各札所寺院をはじめ比較的大きな寺院（中本寺）の墓地に建立されている墓石から判明する。おそらく勧進活動などを行いながら寺の仏事の一部を担い、住職を補佐する存在であったとみられるが、その実情は明確ではない。ただ、その墓石の多くは住職の墓石よりは規模は小さいが、無縫塔や舟形のもので寺院内に置ける地位も、それ相当のものがあったとみてよろう。戦国時代が終わり、疲弊した地方の寺院の復興、再興には数多くの法師・大法師が活躍したのではなかろうか。大法師宗善もそうした中の一人として銘記されよう。なお「四国辺路中興の僧」とされる真念も香川・洲崎寺に建立されている墓石に「大法師真念霊位」と刻まれており、同様に大法師であったことは留意したい。なお宗善は大法師という地位でありながら浄厳大和尚という高僧と、なんらかの関係が存在したことは、先の『勧縁の序』から推察される。浄厳[17]は河内延命寺の住職で、新安祥寺流をおこし、各地で講筵を開き、高松藩主松平頼重とも関係が深くしばしば来讃した。また善通寺で『法華経』を講じたのを始め、塩飽の極楽寺や神光寺の鐘銘や諸寺の縁起なども撰している。さらに悉曇にも通じ、その当時の真言宗における高僧・碩学として著名な存在であった。では、なぜ大法師の宗善と浄厳が結び付くのであろうか。実は曼荼羅寺の過去帳の「過去霊簿の叙[18]」を曼荼羅寺の阿闍梨宥盛の求めで、天和元年（一六八一）に浄厳が撰しているのである。曼荼羅寺の奥院が出釈迦山であったことから、宗善も当然のことながら曼荼羅寺とは深く関係が生じていたと思われる。さらに先記した「讃州出釈迦寺虚空蔵堂勧縁の序」が浄厳大和尚によったこととあわせ、このあたりに宗善と浄厳との接点が見いだせるのであるが、それがどの程度のものであったかは分からない。

なお曼荼羅寺の過去帳の「二日」の項に「心誉宗善法師、出釈迦之一代　行年六十七了[19]」とあるが没年が記されていない。ただ没年の古いものから記載される過去帳の形態からみて、「寛文十三年の大法師宥円」と「元禄四年」の「一窓是心信士」の間に記載されていること、また墓石の「元禄三年十月二日」であることを考慮すれば、これが出釈迦寺宗善に当るのでないかと思う。六十七歳の没とすれば生年は元和十年（一六二四）となる。なお「心誉宗善法師」の「心誉」に注目すれば、浄土系、換言すれば念仏を重んじる僧であったとみられよう。つまり弘法大師信仰と念仏信仰を合わせ持った、中～近世的な高野聖の範疇といえるかも知れない。このような僧が大法師・法師といわれるもので、江戸時代初期以降、各地の寺院に帰属し、大いに活躍したものと推察される。そして現在も各地でみれる念仏講なども彼等の手により成立したのであろう。

四、真念と宗善の関係―おわりにかえて―

以上、長々と寺の歴史や出釈迦寺宗善などについて記してきたが、最後のまとめとしたい。真念『四国偏礼功徳記』などからみて、江戸時代前期には、すでに俗人の遍路がかなり存在していたことは間違いない。古くからの札所である出釈迦山は急坂が長く続き、俗人にとって極めて難所であった。さらに真念『道指南』に「由緒あって堂社なし」とあるように、山上には札所としての建物が無かったとみられる。そのため遍路者の便宜を計ろうとの企てがなされ、曼荼羅寺の奥院であった出釈迦山の札所を、その麓に出釈迦寺として建立したのである。建立に関わる中心的人物が大法師宗善が想定されよう。寺の初めは天和二年よりも、いくぶん遡る頃、釈迦如来を本尊として開基されたとみられる。それは天和二年『勧縁之記』に出釈迦寺の寺名が、すでに確認されることから推測される。その後、虚空蔵堂の完成とともに天和三〜四年頃に虚空蔵菩薩が加わり、釈迦と虚空蔵の二尊を基本とする寺院形態が成立し、天和四年に宗善により、『本日記』が刊行されたであろう。その日は、まさに弘法大師の入定に因む、三月二十一日が選ばれたが、それは、また出釈迦寺の発展を期する日でもあったといえよう。そこには弘法大師信仰を基本とする四国霊場の更なる発展を期待したものでもあったと推察する。そして刊行の日（天和四年三月二十一日）は弘法大師八百五十年忌の記念すべき日でもあった。『本日記』は『元禄元年版日記』と酷似するものの、制作年代がより古く、さらに刊行寺院が明確であることも重要である。これに関して云えば、「明暦三年正木村庄屋助之丞槙川村庄屋宇兵笹山老僧正善上書江戸奉行所へ差上ル書付け」[20]（『蕨岡家文書』）に「一、諸国より四国辺路仕者弘法大師之御定を以阿波之国鶴林寺より日記ヲ受本堂横堂一国切に札を納申也。」とあって、阿波の鶴林寺で日記を受けることが記されている。また澄禅『四国辺路日記』にも海部の大師堂で「爰に辺路札所の日記ノ板有り、各買之也」とあり、日記が複数の札所で刊行、発売されていたものと考えられる。ただ「澄禅が購入した日記や鶴林寺の日記」と『元禄元年版日記』、『本日記』とは、内容的に似ているると思われるが、やはり相違する部分もあろう。このあたりのことはまだよく分からない。

『本日記』は真念『道指南』に先行するものであることは重要である。大胆に推測すれば、宗善と真念とは直接、接点があったのではなかろうか。寂本『霊場記』は真念と高野山奥院の洪卓が各札所を巡り、聞き書きしたものを元にして、寂本によってまとめられた。先記した『霊場記』の出釈迦山の項には「ちかき比、宗善という入道ありけるが心さしありて麓に寺を建立せり」とある。この情報は真念が宗善から直接、聞いたことを寂本に伝へたと推測する。真念は同じ大法師としての身分、そして出釈迦寺の創建を企て、活躍する宗善の姿をみたのではなかろうか。さらに云えば宗善によって刊行された『本日記』も入手したであろう。そして旧態を踏襲する『本日記』では、数を増す俗人の遍路の要求を満たすことはできないと感じ、格段に情報量を多くした『道指南』の編集刊行を企てたのではなかろうか。真念『道指南』の跋辞に「ひととせ大師八百五十年忌の春、宿願弥芽し、四国辺路道しるべをし、（後略）」とある。「大師八百五十年忌の春」とは天和四年（貞享元年）三月二十一日であることを思えば、真念が『道指南』刊行を志したのと宗善が関わったとみられる『本日記』の刊行が奇しくも、時が同じであったことになる。とすれば、真念は『本日記』の刊行に触発され、『道指南』の刊行を企てたのではなかろうか。さらに真念『道指南』に記される四国辺路二十七度行者・道休の没年も「貞享元年四月七日」であることから、このことも影響しているかも知れない。

なお『本日記』の情報のひとつに詠歌の問題がある。八十八ケ所の詠歌については白井加寿志氏[21]は「真念または真念達によって制作されたかあるいはいくつかあったものを八十八に整備すべく、つくり足したと考えられる」と記されておられる。真念『道指南』よりも古い天和四年のことであるので、真念が直接に関わったと考えることはできない。かと言って宗善が制作したとみるには無理がある。敢えて推測すれば、澄禅が手に入れた「世間流布の日記」との相似性を考慮すれば、澄禅の時代にすでに詠歌が成立していた可能性もあろう。今後の新出資料に期待したい。

注

（1）内田九州男「資料紹介・『奉納四国中辺路之日記』」（「四国遍路と世界の巡礼研究」プロジェクト」、平成二〇年三月三一日）。

（2）真念『道指南』は伊予史談会編『四国遍路記集』（伊予史談会、昭和五六年八月）を参照。

（3）澄禅『四國邊路日記』は前掲注（2）伊予史談会『四国遍路記集』及び小松勝記『四國邊路日記并四國順拝大繪圖』（岩本寺、平成二二年一〇月）を参照。

（4）前掲注（1）内田九州男「資料紹介・『奉納四国中辺路之日記』」一頁。

（5）愛媛県美術館編『空海の足音　四国へんろ展』愛媛編図録（四国へんろ展、愛媛編実行委員会、平成二六年九月）八四頁。

（6）同前。

（7）新居正甫氏からご教示頂いた。

（8）詠歌の翻刻は喜代吉榮徳師にご協力頂いた。

（9）白井加寿志「四国遍路「八十八か所」起源考―付その奉唱歌起源考―」（『郷土文化サロン紀要』、高松市市立図書館、昭和四九年一二月）。

（10）『即身成仏義』（『大正新脩大蔵経』第七七巻、大正新脩大蔵経刊行会、昭和三七年三月）三九〇頁。

(11) 香川県・香川県教育委員会『四国八十八ケ所霊場第七十三番札所　出釈迦寺調査報告書』(香川県・香川県教育委員会)一五頁。
(12) 同前七三〜七八頁。
(13) 同前七五・七九頁。
(14) 同前七三頁。
(15) 同前六〇頁。
(16) 浅井證善『へんろ功徳記と巡拝習俗』(朱鷺書房、平成一六年一月)七一〜七九頁。
(17) 藤井直正「浄厳和尚の足跡―讃岐・塩飽諸島の文化財」(『大手前大学人文科学部論集』大手前大学、平成一二年)。
(18) 香川県・香川県教育委員会『四国八十八ケ所霊場第七十二番札所　曼荼羅寺調査報告書』(香川県・香川県教育委員会、平成三十年三月)九七頁。
(19) 同前一九三頁。
(20) 『宿毛市史資料』三、『蕨岡家古文書』(宿毛市教育委員会、平成五三年一二月)一二頁。
(21) 前掲注(9)白井加寿志『四国遍路「八十八か所」起源考―付その奉唱歌起源考―』(『郷土文化サロン紀要』。

第四章　安政六年の『四国順拝道中略記』と三ケ国遍路

はじめに

筆者はここ数年、江戸時代末期に発生した「安政の南海地震」に伴い、土佐一国と伊予・宇和島藩領を除いた、いわゆる「三ケ国遍路」について関心を持ち、すでに納経帳を用いて、その実態の考察を行ってきた[1]。しかし納経帳という限られた情報だけでは、いまひとつ納得できないこともあり、三ケ国遍路が行われた時代の遍路日記の出現を待ち望んでいた。そうした折、幸運にも地震発生から六年後の安政六年（一八五九）、阿波の住人による『四國順拝道中略記』（個人蔵・図1）という、遍路日記を批見する機会に恵まれた。この日記はすでに知られている日記に比べ、内容的にそれ程詳しくはないが、今まで漠然としていた「土州十七ケ所遥拝処」、「宇和島四ケ所遥拝処」のこと、また三ケ国遍路における巡拝コースのことなどについて、明確にできる部分もいくつかあることから、ここにその概略を記すことにしたい。

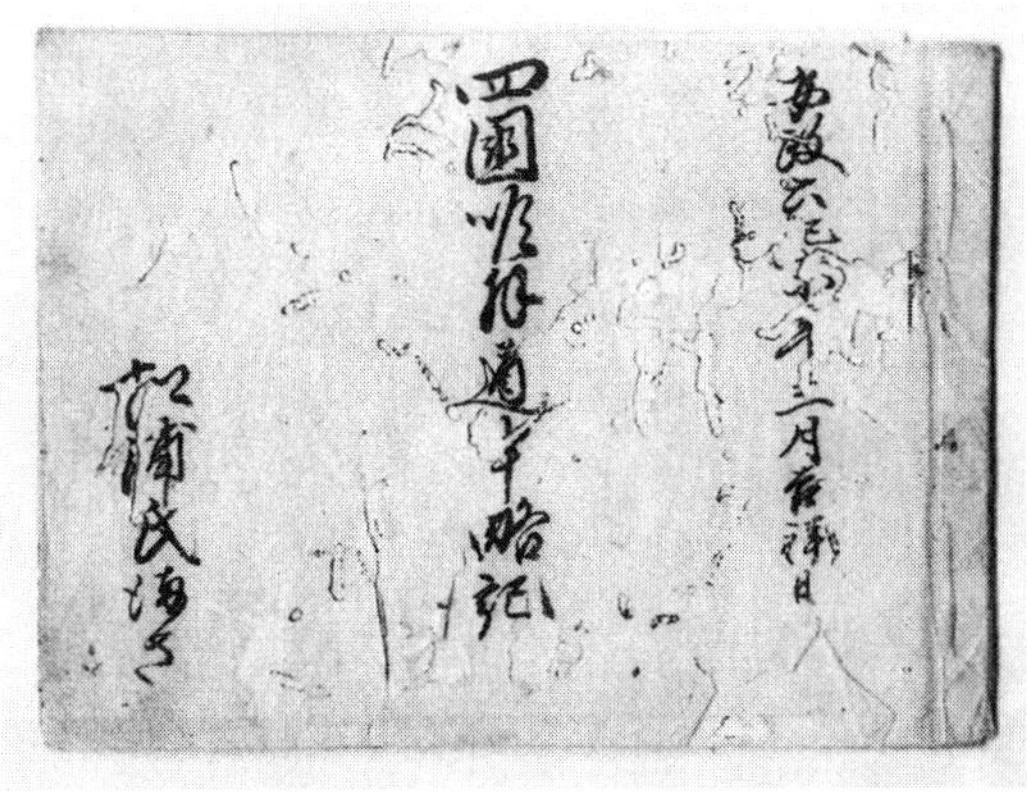

図１　『四国順拝道中略記』（個人蔵）

一、『四國順拝道中略記』の概要

『四國順拝道中略記』[2]（以下、『本日記』という）は縦十二・〇センチ、横十六・九センチである。和紙を袋綴し、表紙を除き五丁で、すでに知られる遍路日記に比べ、小型でしかも文章そのものも短いことが指摘できる。まず、この日記の概略についてみてみたい。表紙に記されているように「安政六巳未年三月吉祥日四國順拝道略記　松浦氏満さ」とあり、一丁表に「安政六巳未年三月二日出立」とあることから、安政六年（一八五九）三月二日に遍路旅を始めたことが分かる。同行者は松浦満さの他に女性一人と男性一人（強力）の合わせて三人である。用意のものとして切手一通、寺請一通、遍路札三百二十枚、数珠、負俵、足なか、札挟、三衣袋、茶碗、薬、弁当箸、小鏡、紅白粉、脚絆、わらじ、足袋など四十六品に及ぶ。その中で矢立、算盤などとともに「用意金、沢山」とあり経済的に豊かな人物の遍路旅といえよう。まず、その順路をみてみることにする。

一　三月二日朝六ツ時出立八番下大和屋岡蔵方ニ
　止宿摂待弐ツ有リ
一　同三日焼山寺御山ニ而逗留摂待弐ツ有り
一　同四日一ノ宮下ニ而止宿摂待十有り
一　同五日金毘羅参詣始テ降雨ニ相成り候ニ付
八ツ時二軒屋町鉄屋七郎次方ニ逗留摂待四ツ有り
一　同六日大雨立江寺迄納札仕富岡町勝瑞屋
ニ而止宿
一　同七日晴天津峯参詣日和佐往来江出申
日和佐新シ道行薬王寺へ壱里手前ふ可せ村
ニ而逗留

一　同八日晴天右宿ニ荷物預ケ薬王寺并ニ土州十六ケ所
　此處ニ而納札仕打戻り金打村ニ而逗留
一　同九日晴天坂本村□□□善言宿ニ泊ル米
　代仕置也但灌頂ゲ滝より壱里余り手前也
一　同十日晴天灌頂ケ滝朝四ツ時参詣御来光奉拝
　時ヲ相限り候義都合宜敷難有仕合と銘々
　拝仕申ニ而いい谷ニ而支度中津峯丈六寺参詣
　二軒町鉄屋伊之助方ニ逗留（後略）
一　同十一日晴天大岡ニ而人形芝居終日見物仕
　夜六ツ時中戻りニ帰宅
　但十二日より十三日本家等持院様七回忌御法事
　相勤十四日雨天ニ付三日相休申候前十日之間ニ
　壱日雨天迄也
一　同十五日晴天朝出立上郡往来行岩津善言
　宿ニ逗留摂待一ツ有り
一　同十六日晴天加茂村住吉屋政右衛門善言宿ニ泊ル
　摂待七ツ有り
一　同十七日晴天箸倉寺詣テ洲津村へ下り渡し

越し池田町通り雲邊寺納札仕壱里程行
善言宿頼逗留摂待三ツ有り
一　同十八日雨天豫州平山村宿屋ニ而九ツ時泊ル
一　同十九日九ツ時迄大雨奥院三角寺納札常村ニ而
逗留
一　同廿日晴天前神寺納札仕右下善言宿ニ泊ル
摂待六ツ有り
一　同廿一日晴天吉祥寺一ノ宮香苑寺横峯寺納札
たん原町ニ而逗留摂待十三有り此處
壱里程手前ニ拾三里道大戸町江分ル道有り
右道より岩屋寺へ行人段々御座候得共此方より
納札仕帰りニ拾三里道帰ル方之路越以たし能
弁利宜敷様承り合参ル義ニ御座候
一　同廿二日天気六ツ時より降雨石清水泰山寺
別宮納札今治城下ニ而逗留摂待二ツ
アリ
一　同廿三日大雨九ツ時より晴ル柳原村ニ而逗留
延命寺納札仕ル

一　同廿四日晴天円明寺太山寺納札（中略）四ツ時出立摂待弐ツ有り
一　同廿五日雨天石手寺より浄瑠璃寺迄五ヶ所
納札明神村ニ而逗留摂待弐ツ有り
一　同廿六日晴天菅生山岩屋寺納札仕上直野村
の路越麓ニ而逗留摂待弐ツ有り
一　同廿七日大雨（後略）
一　同廿八日大雨七ツ時より晴ル中村次福寺と申山伏
善言ニ泊ル摂待三ツ有り都テ此間拾三里者
前後金毘羅往来也
一　同廿九日雨天豫州三嶋町ニ而逗留
一　同晦日雨天小松尾寺納札観音寺町ニ而逗留
一　同四月朔日晴天ニ候共大風善通寺迄納札
右下ニ而逗留摂待弐ツ有り
一　同二日晴天金毘羅参詣金倉寺道隆寺
道場寺納札右宇多津町ニ而逗留摂待三ツ有り
一　同三日晴天根香寺迄四ケ所納札仕弐里程行
いい田村ニ而逗留
一　同四日晴天佛生山詣デ八嶋寺迄弐ケ所

納札仕八栗ニ而逗留

一　同五日天気八栗寺より大窪寺迄四ケ所

納札相仕舞右下ニ而逗留摂待四ツ有り

一　同六日晴天白鳥宮参詣仕井関村ニ而

逗留

一　同七日晴天壱番霊山寺ニ而御禮参仕

川崎村地蔵尊へ御願解ニ廻り大谷村

八幡宮始所々御礼拝仕八ツ時皆々

無事ニ帰宅仕申候以上摂待弐ツ有り

以上、三月二日から四月七日までの順路をみてきた。徳島城下あるいはその周辺から出立[3]し、まず一二番焼山寺に向かい、一九番立江寺から日和佐方面に進み、二三番薬王寺まで行く。しかし、ここで引き返し番外の慈眼寺や丈六寺に参拝したあと、いったん自宅に帰り本家の法事を済ませる。その後、遍路を再開し吉野川を遡り、加茂村から箸蔵寺、池田を越えて六五番三角寺から逆順に西条～今治～松山周辺の札所を打つ。四六番浄瑠璃寺から三坂峠を登り久万の四五番岩屋寺に至るが、そこからは石鎚山付近の山道を通り、丹原の大戸に至る近道のコースを進む。次いで伊予の新居浜、三島を過ぎて讃岐の六七番小松尾寺から逆順に八八番大窪寺に向かい、大窪寺からは白鳥、引田、大坂峠を越えて一番霊山寺で結願する。以上、順路の概略をみたが、本日記には参拝、納経した全ての札所が記されていないことから、詳しい順路は不明である。ここで留意されるのが二三番薬王寺で引き返すことや四五番岩屋寺から石鎚山の近くを通り、西条方面に向かっていることなど通常の四国遍路とは大きく異なる順路である。つまり南海地震による「三ケ国遍路」の実態を顕著に示している。

二、三ケ国遍路の研究史

次に、三ケ国遍路の発生の理由とその研究史について、概略を記すことにしたい。

江戸時代末期、嘉永七年（一八五四）十一月五日、土佐沖を震源とする南海地震が発生し、大きな津波が土佐湾、阿波南部、南予の海岸に押し寄せ、甚大な被害を各地にあたえた。海岸沿いの道路や各地の港が大きく損壊し、さらに各藩の番所も破壊に及んだことは『村山家文書』[4]（高知県東洋町）からも判明する。そのため土佐藩では地震発生の十日後にあたる十一月十四日付けで「この度の大変で往還筋が大破したので遍路人の入国を禁止する」とのお触れが出された[5]。これにより、土佐に滞在していた遍路は国外に追い出され、そして新たに土佐入国が困難となった。これに追随して宇和島藩でも同様の措置が取られたため[6]、四国遍路に大きな影響を与えた。しかし間も無く讃岐や伊予の瀬戸内側、さらに京畿内の比較的被害が小さかった地域から、四国遍路を志す人達がみられるようになるのは興味深い。現在、確認される納経帳からみて、安政二年二月には紀伊・伊都郡の人物の納経帳（個人蔵）が確認され、その後も同三年、同四年、同五年、同六年などの納経帳の存在が知られる[7]。つまり地震発生直後から四国遍路が行われていたのである。ただ先記したように、土佐国と伊予・宇和島藩領の札所には納経できない、いわゆる三ケ国遍路となっている。さて、ここで江戸時代末期から明治時代初期に行われた三ケ国遍路についての遍路研究史を整理、確認しておきたい。

まず、昭和五十六年三月、森正史氏は「松山と遍路」（松山市教育委員会編『おへんろさん』松山市文化財保護協会）で、三ケ国遍路のことに言及されているのは重要なことである。ここでは文久三年（一八六三）と明治三年（一八七〇）の納経帳から土佐十七ケ所と宇和島四ケ所の札所が省かれていることを明らかされた。その原因として土佐藩では、しばしば遍路の立入を制限したことに関わると理解され、南海地震が原因とは考えていない。さらに三ケ国遍路のルートのひとつとして、六〇番横峰寺あたりから四五番岩屋寺への石鎚山ルートを想定していることは貴重な指摘といえよう。

次いで昭和五十九年一月に板東章氏は「四国へじを歩く―弘化五年の納経帳―」（『同行新聞』二〇六号）の中で「土州十七ケ所遥拝処」の存在を示し、前後の日付から納経所の場所を薬王寺境内あるいは日和佐町内と推測している。また土佐の札所が十六ケ所に関わらず、十七ケ所とするのは、別の納経帳に三十番札所に「土佐神宮寺」と「善楽寺」の二ケ寺があることから、神宮寺を加えるものと考えられている。なお、ここでも南海地震についての言及はみられない。

昭和六十一年十一月には喜代吉榮徳氏が「土州十七ケ所遥拝処」（『同行新聞』二九九号）の論稿で、板東章氏の説を受けて「土州十七ケ処」の納経場所は薬王寺とし、十七ケ所について「月山」の可能性を指摘している。また三ケ国遍路の原因については七ケ所参り、二十一ケ所参り、一国参りなどと同様に、土佐一国を除く遍路形態があったのではないかとし、南海地震との関連は述べられていない。

続いて昭和六十二年三月に喜代吉氏は「土州十七ケ所遥拝処補稿」（『同行新聞』三一〇号）を発表された。その中で十七ケ所について、二四番東寺、二六番西寺の「女人札所」ではなかろうかとの説を提示された。さらに『安政三年納経帳』を元に「宇和島四ケ所遥拝処」の存在を指摘され、また十七ケ所とは「月山」を含むことを明示された。そして南海地震に伴い発令された、土佐藩の安政元年十一月十四日付けの「覚」を元に、遍路者が土佐入国を諦め、伊予、讃岐を巡拝したのではないかと考えられ、三ケ国遍路の原因が安政の南海地震であることを初めて指摘したことは極めて重要である。ただ宇和島四ケ所については、逆順に巡るのに日数（往復）がかかり過ぎるので分離省略したのではないかとの見解を併せて示された。以上のように昭和六十二年の段階で、三ケ国遍路の大方のことが明らかにされていたのである。

その後、しばらく三ケ国遍路についての本格的な論文などはみつからないが、平成十年三月に喜代吉氏は「納経帳─安丸家の三冊─」（『四国辺路研究』第十四号）で、三ケ国遍路の実態を詳しく論じられている。その中で「六十番横峰寺近く伊予小松には、今治道（五十九番国分寺方面）への分岐点から「いわやさん（四十五番岩屋寺）十里　松山道」のしるべ石が建てられている。文久四年（一八六四）のことで、B（遍路人の略称）の一回目（巳年）順拝のときには、まだ建っていなかったであろうが、南予四ケ寺省略の遍路に対応した標石と考えられるのである。」として、横峰寺あたりから岩屋寺への近道遍路道の存在を指摘されていることは留意すべきであろう。[8]そして、「土州十七ケ所遥拝処」は二三番薬王寺と確定された。ついで平成十三年二月に稲田道彦氏は『景観としての遍路道と遍路の行程の変化』（香川大学）さらに同年六月に「江戸時代末期と明治初期の二家族の四国遍路の旅」（『香川大学経済論叢』七四巻一号）を相次いで発表された。ここでは安政三年、丹後国竹野郡の遍路者二冊の納経帳について詳しく考察されている。そして稲田氏は、土州十七ケ遥拝処のこと、月山のこと、さらに遥拝処が二三番薬王寺の可能性などをあらためて記している。また宇和島四ケ所遥拝処についても言及されるが、納経所の場所について松山平野の寺院の存在を指摘しているものの、南海地震との関連には言及されていない。

この三ケ国遍路の問題は四国遍路研究にとって、極めて重要なことと思われるが、その後に発表された論稿や図録などは「十七ケ所遥拝処」のことに言及するものの、南海地震との関係を論じる書籍はほとんどない。[9]その要因として、先記した論稿が四国遍路の研究者の目に比較的触れにくい事情のためかと思われる。

次いで稲田氏は平成二十三年九月に「幕末期の四国遍路の巡礼路の変更」[10]（『香川大学経済論叢』八四―二）において吉岡無量居士とその妻の納経帳を再考され、吉岡無量居士が亡き妻の納経帳を持参して四国遍路を行ったことを明らかにされるとともに、三ケ国遍路が南海地震の影響であることを示されている。また宇和島藩においても同様の藩令が存在することを指摘されたことは重要な意味を持つものであった。そして二十七冊の三ケ国遍路の納経帳を提示し、細かく分析されているが、三ケ国遍路に伴って数多くの社寺に納経する、いわゆる番外札所が発生した経緯を示されたことは興味深い提言であった。その後、平成二十五年に先の論稿を元に「四国遍路の幕末期における巡礼路の変更」[11]として発表されている。

なお筆者は平成二十二年三月に「神仏分離・廃仏毀釈期の四国八十八ケ所札所の動向」（『文化財保護協会報』）で「土佐十七ケ所」と「宇和島四ケ所」の遥拝所の存在を先記した論稿を元に、ようやく簡単に触れることができた。[12]その後、平成二十四年一月に「幕末～明治初期の納経帳にみる三ケ国参り」（『四国辺路の形成過程』）で十冊の納経帳を用いて三ケ国遍路について考察した。ここでは喜代吉氏や稲田氏の論稿をもとにして、南海地震との関連なども含め論を展開したが、通例では土佐・宇和島に入ることが困難であるとする説に対して、二冊の納経帳を元に四国全体を巡った例を示した。[13]次いで平成二十八年『四国へんろの歴史』「安政の南海地震と三ケ国遍路」[14]では、先記とほぼ同内容を示した。

なお近時では、平成二十九年二月に新居正甫氏の『真念『四国遍路道志るべ』の変遷―書誌研究その五』[15]がある。新居氏は南海地震による「へんろ道筋の変化・地震による土佐入国禁止」、「納経帳」、「納経帳の一覧表・影印」などにおいて、土佐国、宇和島藩領の入国禁止について詳細に論じられておられる。ここでは数多くの納経帳の影印が掲載されており、大いに参考となる。ただ筆者が、かつて論じた安政三年の土居由之助と満佐女の納経帳について、新居氏は次のように論じられた。「この二冊の納経帳は元々、弘化元年（一八四四）のものであるが、後に安政三年に改竄された」との説を提示されるとともに、後世に納経帳を綴じ直した納経帳の存在などを明示され、納経帳研究の新たな見解を示されたことは重要な指摘[16]であった。

以上、納経帳を用いた三ケ国遍路研究の経緯・成果を記してきた。状況証拠などから「土州十七ケ所遥拝処」は二三番薬王寺であること、「宇和島四ケ所遥拝処」は四四番大宝寺、四五番岩屋寺など複数の寺院が遥拝処の機能をはたしていたこと、参拝ルートは複雑なコースであったこと、横峰寺あたりから岩屋寺（その逆も含む）へ向かう石鎚山コースが存在したことなどが指摘され、概ね解明されたといえよう。しかし、この他にも未だ知られない事柄も当然あると思われる。今後の新出資料を待ち、後考を期したい。

三、『本日記』から分かる三ケ国遍路

さて、ここから本論の主題に入ることにする。『本日記』の前半部に先述した三ケ国遍路に関わる重要な記事がみられるので詳しく検討したい。

去ル安政元寅年十一月五日大地震大變後

今以土州国中御札處十六ケ所并ニ豫州

宇和嶋領大洲領御札所四ケ処合弐十ケ所分
邊路通行御指止ニ相成り尤土佐分ハ阿州
日和佐薬王寺ニ而参詣所出来候而納経も出候
又豫州四ケ所分ハ伊豫ソコ爰に而参詣所
出来申納経も出申由且又邊路姿替安藤参り
と唱へ宇和嶋城下迄右之内三ケ處丈納札
仕ル人も折ニハ有之由併大様松山領四十四番
菅生山迄納札仕ル儀ニ而面々気分ニ相随ヒ菅生
山より罷り申候

とあり、安政の南海地震に伴い、土佐一国と宇和島領の札所に納経することが困難な「三ケ国遍路」となっていた実情が明確に記されている。

（遥拝処）

まず遥拝処について先記したように「安政元年十一月五日の大地震のあと、今もって土州の札所十六ケ所と豫州宇和嶋領の四ケ処の合わせて二十ケ所分は遍路通行指し止めとなっているが、土佐分は薬王寺に参詣所ができており、納経もできる。また豫州四ケ所分は伊予の「そこここに」参詣所があり、納経もできる」と記されている。これまで喜代吉氏をはじめ、稲田氏、新居氏などが提言していたことが裏付けられたといえよう。特に「宇和島四ケ所遥拝処」について「そこここに」の表現は、これまでの研究によって判明していた複数の遥拝処が存在したことと合致しており、まことに興味深い。

（安藤参り）

続いて『本日記』には「遍路姿を替えて「安藤参り」と唱えて宇和島城下まで行き、三ケ所（四一番稲荷、四二番仏木寺、四三番明石寺）に納経できるが、大方は四四番菅生山大宝寺までで、そこから引き帰す」という記事情報も極めて興味深い内容である。つまり遍路装束を替えて「安藤参り」と称して、四一番・四二番・四三番に納経するというのである。さて「安藤参り」とはどのようなことなのかを簡単にみてみよう。[17]

寛政五年（一七九三）二月、伊予・吉田藩で一揆が起こった。これを吉田騒動（武左衛門一揆）ともいわれるが、その原因は吉田藩が紙の専売制を取ったため、山間部の村が反対し、その反対騒動が藩全体に及ぶ大規模な一揆となった。さらに宇和島藩にも及び宇和島城下に近い八幡河原に一揆が集合した。騒動がますます大きくなり、藩家老の安藤継明は責任を取り切腹し、ようやく騒動が収束した。その後、数十年後の嘉永七年（一八五四）に継明を鑽仰する人達によって海蔵寺山内に廟所が造営され、土佐や九州など遠方からの参詣者が絶えなかったという。明治六年（一八七三）には信者有志により、安藤邸跡に神社を建立し継明神社と称したが、後に安藤神社と改称され、現在にいたっている。

四国遍路との関係に立ち返ろう。『本日記』の記事から読み取れることは、通常では、宇和島藩領に入ることができない遍路衆が遍路姿の装束を替え、安藤継明廟所参拝を理由に宇和島藩領に入ることができたと理解できよう。このことは宇和島三ケ所を納経するための理由として、安藤継明廟所に参拝を唱える遍路がいたことを記している。ただ『本日記』に記すように、それはごく一部で多くは大宝寺から引き返したとみられる。しかし重要なことは遍路者が宇和島藩領に入る手段が存在し、直接に札所に赴き、納経できた可能性が見い出せたことである。それはまた、同様に土佐国にも、遍路姿を替えて入国できた可能性を見い出せたことにも繋がるのである。どのような姿に替えたのか、遍路用具はどのようにしたのかなど興味深いが、そこまでは判明できない。なお筆者が調査した納経帳の中には「安藤参り」に伴っての四一番、四二番、四三番に納経したものは確認できなかった。ただ先記した稲田道彦氏の「幕末期の四国遍路の巡礼路の変更」の論稿中に、文久二年（一八六二）納経帳には四一番・四二番・四三番に納経されているとの記述があり興味深い。

（石鎚山越えルート）

次に『本日記』の三月二十一日の伊予・小松や丹原付近の記事は重要で、次のように記される。「横峰寺納札のあと、右道より十三里道の岩屋寺へ行く遍路が段々いるようだが、帰りに十三里の方が便利である」と記している。つまり丹原の手前、大戸という所から別れ、来見・川の内を経て、石鎚山付近を越えて四五番岩屋寺へ直接向かう、十三里道の存在を示しているのである。確かにこのルートが最も近道で合理的であるが、何分にも長い急坂であることから容易に進むことはできない。『本日記』の場合も今治方面に向かい、松山周辺の札所に納経したあと、急坂（三坂峠）を登り、久万高原の四五番岩屋寺や四四番大宝寺に向かい、その後十三里の石鎚山ルートを下り、大戸に到着するコースをとっている。このコースは通常の四国遍路では考え難いものであるが、三ケ国遍路における近道のコースとして考え出されたものであろう。たしかに納経帳をみると次のようなものが見られる（①・②・④・⑤・⑦は稲田道彦『四国遍路納経帳資料集』香川大学瀬戸内圏研究センター、平成二九年三月参照。これ以外は個人蔵本参照）。

①安政四年（一八五七）丹後の住人　六〇番横峰寺→四四番大宝寺→四五番岩屋寺→四六番浄瑠璃寺

②安政五年（一八五八）不明　四六番浄瑠璃寺→四五番岩屋寺→四四番大宝寺→生木地蔵→六〇番横峰寺
③安政六年（一八五九）作州の住人　四六番浄瑠璃寺→四五番岩屋寺→四四番大宝寺→六七番大興寺
④文久元年（一八六一）京都の住人　四六番浄瑠璃寺→四五番岩屋寺→四四番大宝寺→宇和島四ケ所遥拝所→番外→六七番大興寺
⑤文久四年（一八六四）播磨の住人　四六番浄瑠璃寺→四四番大宝寺→四五番岩屋寺→六〇番横峰寺
⑥文久四年（一八六四）讃岐の住人　六〇番横峰寺→四五番岩屋寺→四四番大宝寺→四六番浄瑠璃寺→四七番八坂寺（図2）
⑦元治元年（一八六四）不明　四六番浄瑠璃寺→四四番大宝寺→四五番岩屋寺→生木地蔵→六七番大興寺
⑧慶応三年（一八六七）不明　四六番浄瑠璃寺→四四番大宝寺→四五番岩屋寺→生木地蔵→摂待所→六七番大興寺
⑨慶応四年（一八六八）紀州の住人　四六番浄瑠璃寺→四四番大宝寺→四五番岩屋寺→六〇番横峰寺（図3）
⑩明治二年（一八六九）伊予の住人　四六番浄瑠璃寺→四四番大宝寺→四五番岩屋寺→宇和島四ケ遥拝所→六〇番横峰寺

以上のように、納経帳から検討しても六〇番横峰寺～四四番大宝寺・四五番岩屋寺の石鎚山ルートの存在が明確となるとともに、多くの遍路者が利用したことも判明する。ただし、先記の例から分かるように四四番大宝寺・四五番岩屋寺から六〇番横峰寺へ向かうルートが主要であったと考えられよう。このコースは下り坂が多く、『本日記』にいう便利であったからとみられる。ともかく三ケ国遍路の場合、森正史氏、喜代吉榮徳師が指摘す

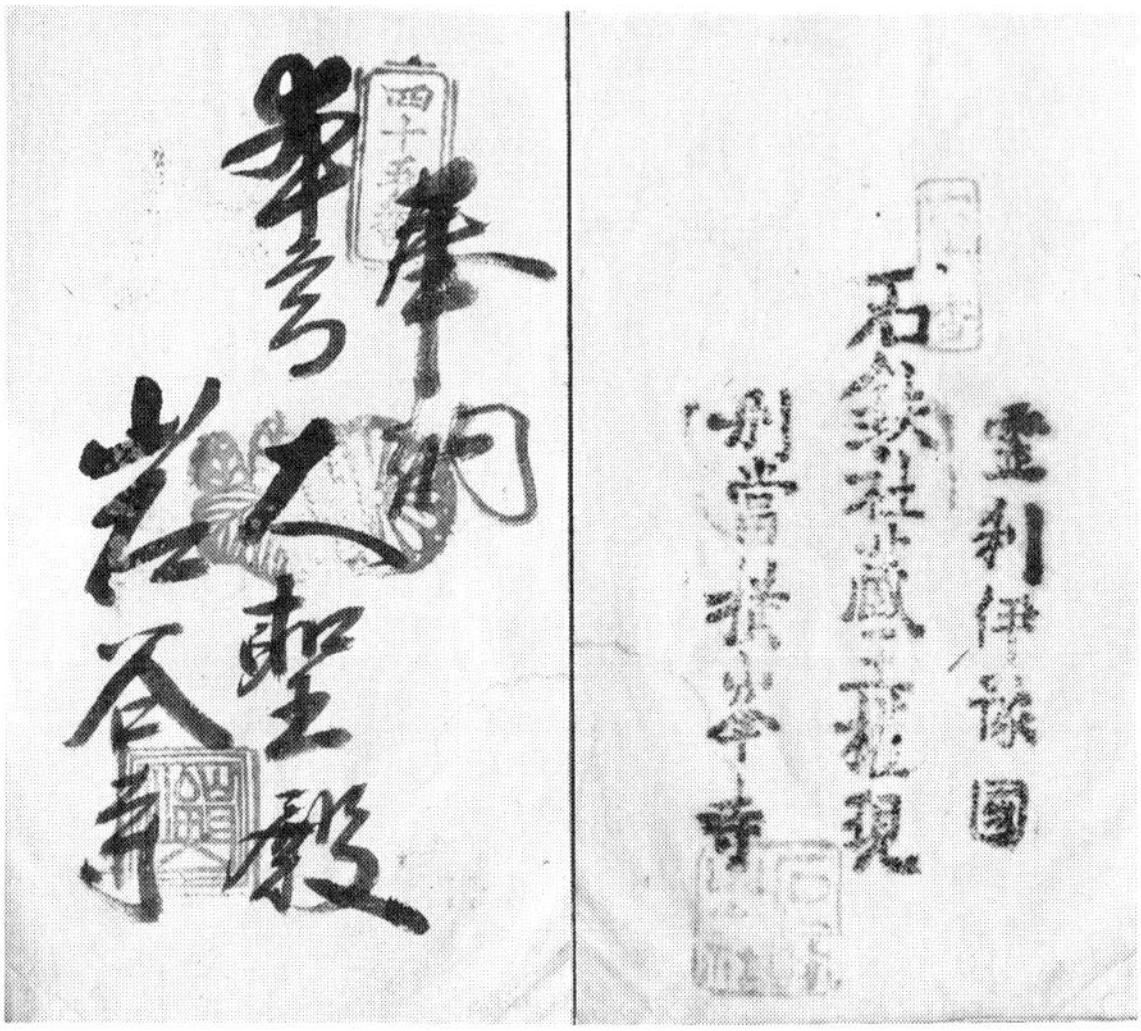

（3丁裏）　（3丁表）

図2　文久4年納経帳（個人蔵）
60番横峰寺～45番岩屋寺

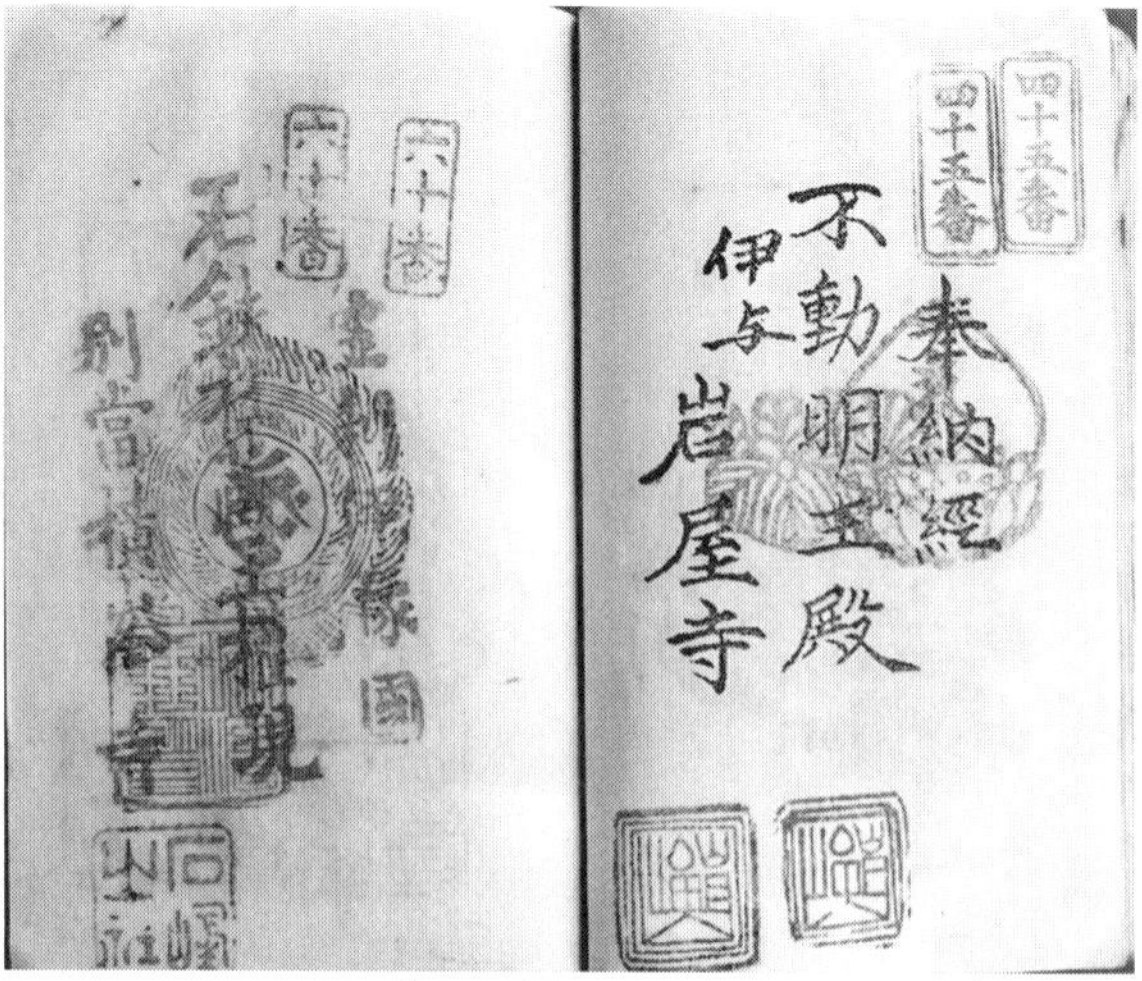

（32丁表）　（31丁裏）

図3　慶応4年納経帳
45番岩屋寺～60番横峰寺

る横峰寺~岩屋寺・大宝寺（この逆もある）という石鎚山ルートの存在が『本日記』により、裏付けられたことは意義深い。

なお永松実氏の著書、『花月楼主人の巡礼道中―安政七年『道中手扣帳』と庶民の旅[18]』には、興味深い記事がみられる。

三日雨天
四ツ時ニたつ、夕九ツ時より青天、小松城下ゟ横峯寺へ七拾五丁登り、横峯寺ゟ百丁下ル、大戸ゟくるみ迄五十丁、天満屋喜三太方
四日青天
くるみゟ川ノ内迄弐り、川ノ内より白こえとふげ迄弐リ、とふけゟ下ル壱り廿五丁、とふけ下ゟ弐り、熊山下直瀬村房右衛門方

とあり、横峰寺を終えて大戸、くるみ（来見）から山を登り、白越峠を越えて熊（久万）の岩屋寺方面へ向かったことが分かる[19]。このコースは、登りの坂道であり、困難ではあるが、近道コースとして、遍路が通過したと考えられる。

おわりに

嘉永七年十一月五日に土佐湾一帯、阿波南部、南予地域などを襲った南海地震の津波被害は甚大で、遍路道は元より番所なども損壊した。そのため土佐国と宇和島藩領を除く三ケ国遍路という、極めて特異な四国遍路の形態が一時期続いた。しかし直接、納経が叶わない札所に、遥拝という見事な参拝形式を生み出して八十八ケ所を満願したことは、四国遍路の長い歴史の中でも特筆されよう。残念ながら、この三ケ国遍路については、これまで四国遍路研究の中では、それほど重視されることがなかったが、近年において納経帳などを用いて、その実態が明らかになりつつある。現段階で認識される三ケ国遍路を以下のようにまとめた。

1、三ケ国遍路が行われたのは現存する納経帳から判断して、安政元年（一八五四）十一月から明治四年（一八七一）までの十八年間[20]である。

2、入国が禁止され、入国が困難となったのは土佐国の十六の札所と伊予・宇和島藩領の四ケ所の札所の合わせて二十ケ所の札所である。但し納経については、土佐は月山を含め十七ケ所とする。

3、直接、納経が不可能な土佐国に対しては、二三番薬王寺に「土州拾七ケ所遥拝処」が設置された。宇和島四ケ所は四四番大宝寺、四五番岩屋寺など複数の「宇和島四ケ所遥拝処」が設置され、それぞれ納経が出された。（大宝寺・岩屋寺以外では四七番八坂寺と四八番西林寺の間の寺院などが知られる。[21]）

4、ごく限られていたが「安藤参り」と称し遍路姿を替えて、宇和島藩領に入ることが可能であった。

5、変則的な順拝コースから、如何に効率よく巡るかという問題から新たな遍路道が発生した。特異なコースとして横峰寺あたりから岩屋寺・大宝寺を結ぶ石鎚山コースが生まれた。

6、新たな遍路道コースの発生、さらに納経する札所の減数から、八十八ケ所以外の社寺（番外）に数多く納経するという事象がみられる。

7、僅かではあるが、土佐国、宇和島藩領に入り、四国全体の札所に納経した例がみられる。（これについては、本書第五章に詳述。）

以上のようにまとめた。その殆んどは先記した各氏の研究の成果によるものであるが、その成果を見事に裏付けるのが『本日記』である。換言すれば、三ケ国遍路の内容が凝縮しており、簡略ではあるがキラリと光る記事を書いた本日記の制作者にあらためて敬意を表したい。

注

（1）武田和昭『四国へんろの歴史』（美巧社、平成二八年一一月）二七四～二八四頁。
（2）翻刻は喜代吉榮徳師に全面的にご協力いただいた。なお徳島城博物館・岡本佑弥氏から種々のご教示をいただいた。
（3）個人蔵『四国順拝道中記』（文政十一年二月・宮田萱五郎）を参照。井上淳「近世後期における徳島町人の遍路日記―「四国順拝道中記」の紹介―」（伊予史談会『伊豫史談』三九九号、令和二年一〇月）一～一五頁。
（4）原田英祐『東洋町歴史年表改訂版』（私家版、平成一九年八月）に記載の『村山家文書』を参考とした。
（5）喜代吉榮徳「土州十七ケ所遥拝処補稿」（『同行新聞』第三一〇号、昭和六二年三月）。
（6）稲田道彦「幕末期の四国遍路の巡礼路の変更」（『香川大学経済論叢』八四巻二号、平成二三年九月）一五一頁。
（7）稲田道彦『四国遍路の納経帳資料集』（香川大学瀬戸内圏研究センター、平成二九年三月）。

（8）喜代吉榮徳「納経帳―安丸家の三冊」（『四国辺路研究』第一四号、海王舍、平成一〇年三月）四〇頁。
（9）『空海と遍路文化展』（毎日新聞社、平成一四年九月）一五六頁。
（10）稲田道彦「幕末期の四国遍路の巡礼路の変更」（『香川大学経済論叢』八四巻二号、平成二三年九月）。
（11）稲田道彦「四国遍路の幕末期における巡礼路の変更」（『巡礼の歴史と現在』、岩田書院、平成二五年一〇月）九九～一〇八頁。
（12）武田和昭「神仏分離と廃仏棄釈期の四国八十八ケ所札所の動向―納経帳からの考察を中心として―」（『文化財協会報』香川県文化財保護協会、平成二二年三月）。
（13）武田和昭『四国辺路の形成過程』（岩田書院、平成二四年一月）三七五～三九一頁。
（14）武田和昭『四国へんろの歴史』（美巧社、平成二八年一一月）二七一～二八四頁。
（15）新居正甫『真念『四国遍路道志るべ』の変遷』書誌研究・その五』（本上や（新居正甫）、平成二九年二月）。
（16）同前。
（17）『新宇和島の自然と文化（一）改訂増補版』（宇和島市教育委員会、平成二四年二月）一三五頁。
（18）永松実『花月楼主人の巡礼道中―安政七年『道中手扣帳』と庶民の旅』（株式会社えぬ編集室、令和元年一一月）一四二頁。
（19）井上淳「江戸時代の遍路統制」（愛媛大学四国遍路世界の巡礼研究センター編『四国遍路の世界』、筑摩書房、令和二年四月）八二頁。
（20）喜代吉榮徳「辺路札所、称呼の変容・跋扈について」（『善通寺教学振興会・紀要』第一六号、平成二三年三月、善通寺教学振興会）一八～二二頁に詳しい三ケ国遍路の研究史が整理されている。
（21）同前。稲田道彦「江戸時代末期と明治初期の二家族の四国遍路の旅」（『香川大学経済論叢』平成一三年六月）八五頁。

第五章　安政の南海地震と四国遍路再考

―新出の『安政七年～萬延元年納経帳』を参考として―

はじめに

四国八十八ケ所霊場は弘法大師空海の修行地に淵源を持つことはいうまでもない。その後、平安時代後期には四国の辺地を巡る辺地修行、鎌倉時代から室町時代には熊野信仰や念仏信仰など様々の要素が加わり、やがて弘法大師信仰なども組み込まれ修行の道が出来上がったと推察される。そして室町時代後期には、現在の四国辺路の原形に近い形態になったかと思われる。室町時代末期から江戸時代初期頃には、澄禅『四国辺路日記』の記事から考えて、現在の四国遍路に近い遍路道が形成されていたであろう。そして江戸時代前期の元禄時代頃に「四国遍路中興の僧」といわれる真念により、現在と同様の霊場が作られ遍路道も整備が進み、多くの遍路達が四国を巡っていたと考えられる。やがて江戸時代中期ころに四国遍路絵図の作成や納経帳が作られ、数多くの遍路が行き交う霊場となった。ところが江戸時代末期に南海地震が発生して土佐湾・南予・阿波南部の沿岸に甚大な津波被害があり、土佐一国と伊予・宇和島藩領に入国することが困難となり、大きな変化を余儀なくされたのである。本論では「安政の南海地震」に伴う四国遍路の様相を新出の『安政七年～萬延元年納経帳』（個人蔵）などを元に、江戸時代末期から明治時代初期の実態を解明したい。

一、安政の南海地震

嘉永七年（一八五四）十一月五日、四国の沖合を震源とする大地震が発生した。現在では、この大地震を「安政の南海地震」と称しているが、実際には嘉永七年のことである。これは同年十一月二十七日に安政に改元されたことから、後世に安政と呼称されたのである。この時の地震の被害状況は高知県東洋町に残されている『村山家文書』[1]に詳しく記録されている。原田英祐氏の著書を元に関係の箇所を記すことにしたい。

嘉永七甲寅年春夏秋天気静かにして時化浪立なし。洪水等これ無くはなはだ静かなる事なりしが十一月四日朝五つ半時大地震、半刻ばかり甚だし。その時甲浦湊あびき有って町をひたし小船等町へ打ちあげ人家庭先まで入り込みしも引き汐になり何事なし。其夜二三度ゆりても格段の事なきゆえ、人みな安心いたしけり、しかるも家財を高きへ持ち運び騒動するなり。翌五日何事もなかりしゆえ、運びたる荷物も我家へ取り寄せ諸人笑いもようしけるが、五日七つ半時大地震、四日より十倍増しいっさい往来できがたく、みなみな門へ出、垣などに取り付き、ゆりをしのぎ居たりしに、大潮入り来たり二丈ばかり高く沖より押せ来る。これを見て大いに驚き、山へ逃げ上がるも有、船に乗も有、其時甲浦にて船に乗たる者は込み引きの汐にひかれ死するもの十八人なり。山へ逃げたる者一人も難なし。五日夜は大ゆり五六度にてそのたび汐入り来る、夜明ては大分静かになり家居を見るに甲浦四五十軒浪にとられ、残った家も半潰れになり目も当てられぬ有様なり。御米蔵御蔵番居宅も流失跡形なし、御船蔵倒れ御船へもたれたる故、官船四艘は傷になる小早御船御蔵も流出行方なし、東股御番出御番所も流、居宅は湊に潰れ有り。（中略）徳島ゆり潰しより火起る。内町出火、稲田九良兵衛殿加島出雲殿両御屋敷より出火にて徳島四番通り火難北方人家ゆり潰し其数知らず殊のほか大傷。讃岐国は地震ばかりにて津波なし（中略）四国遍路道筋に寅十一月より入り込んだ遍路たちは東股口か松尾坂南の出入り口へ送り戻され、それより一人も遍路往来なし、道筋ははなはだ静かなり。ほどなく地震次第に減り、安政二卯十一月頃より鎮まり、人みな喜悦の思ひをなす。（以下略）

この記事によれば、土佐の東部、阿波南部においても津波の被害が甚大であったことが推察され、四国遍路にとって重要な土佐側の東股番所も壊滅したらしい。さらに同文書には、土佐湾一帯が大きな津波の被害にあったことが記されている。そして阿波側の被害について「阿波国宍喰古目御番所同御番外は人家一軒も残らず波にとられ大道筋のこらず傷み往来不自由なり」とあって阿波側の古目御番所も津波被害にあい、さらに海沿いの大きな道も傷みがあり、往来に支障をきたしていた事が判明する。さて江戸時代には国境や藩境には番所があり、身分を証明する往来手形の提示が必要であった。往来手形は住所、氏名、檀那寺、旅の目的などが書かれたもので、檀那寺や庄屋が発行する。四国遍路の旅も、この往来手形が必要不可欠のもので、これがなければ国境を越えることはできないのである。この番所制度は明治二年（一八六九）頃まで続いたが、特に遍路にとって土佐国への入国は、他の国に比べとりわけ厳しいものがあった。

先記したように、この地震による津波は徳島藩や土佐藩の番所を損壊し、さらに遍路道も通行が困難な状況となったのである。この非常事態に土佐藩では地震発生から十日後の十一月十四日付けで、「この度の大変により、往還筋が大破し、辺路が順拝するのは難しいので、国外に出ていくように」との命令を発した。(2)これにより、土佐国に滞在していた遍路の人達は出国を余儀なくされるとともに、土佐入国も実質上は禁止の状態(3)となった。さらに土佐藩だけでなく宇和島藩(4)でも同様の措置が取られたため、伊予南部の宇和島藩領にも入国ができなくなったのである。こうした事態により地震発生以後、しばらくの間、土佐一国の十七ケ所（十六の札所と月山）の札所と宇和島の四ケ所（四〇番観自在寺、四一番稲荷、四二番仏木寺、四三番明石寺）への参拝が困難となった。

二、阿波・伊予・讃岐の三ケ国遍路

先記したように安政の南海地震の津波被害により、土佐国と伊予・宇和島藩領の札所に参拝できない状況となった。この三ケ国遍路は南海地震以後の安政元年から明治四年（一八七一）まで十八年間ほど続いたことは、残されている納経帳により判明する。現在、この十八年間の納経帳は稲田道彦氏や新居正甫氏[5]の研究により、およそ三〇冊余が確認されているが、ここでは新出の個人蔵本を含め詳しく分析して、当時の遍路者の人達の動向をみてみたい。

1 『文久三年（一八六三）の納経帳』（個人蔵）

この納経帳は納経日を記入した札所が大半を占めており、動向がよく分かるので採用した。表紙・裏表紙を除いて、三十六丁で、初めに「西国順礼元祖花山法皇御廟所摂州□□村菩提寺亥七月九日」とあり、丹波の国の住人である。納経帳の綴じ順が一番から、ほぼ札番順に綴じられているが、よくみると納経月日のバラつきがあり、注意を要する。こうした例は三ケ国遍路の納経帳に、まま見られるが、これは四国遍路を終えた後、番次順に綴り直されたものとの指摘がある[6]。ここでは日付順に並べ替えた納経順も合わせて記すことにする。

綴じ順　各丁の表は（オ）、裏は（ウ）

丁	月日	札所名
1ウ	九月朔日	一番・霊山寺
2オ	晩秋二日	二番・極楽寺
2ウ	九月二日	三番・金泉寺
3オ	―	四番・大日寺
3ウ	―	五番・地蔵寺
4オ	―	六番・安楽寺
4ウ	九月二日	七番・十楽寺
5オ	九月四日	八番・熊谷寺
5ウ	―	九番・法輪寺
6オ	九月四日	一〇番・切幡寺
6ウ	―	一一番・藤井寺
7オ	―	一二番・焼山寺
7ウ	八月二〇日	一三番・大日寺
8オ	―	一四番・常楽寺
8ウ	八月二〇日	一五番・国分寺
9オ	―	一八番・恩山寺
9ウ	―	一六番・観音寺
10オ	八月二〇日	一七番・妙照寺
10ウ	八月二三日	一九番・立江寺

納経の日付順　各丁の表は（オ）、裏は（ウ）

丁	月日	札所名
30ウ	七月二三日	七七番・道隆寺
30オ	七月二三日	七六番・金倉寺
29ウ	七月二三日	七五番・善通寺
29オ	七月二三日	七四番・甲山寺
28ウ	七月二三日	七三番・出釈迦寺
28オ	七月二三日	七二番・曼荼羅寺
27ウ	―	七一番・弥谷寺
27オ	七月二四日	七〇番・本山寺
26ウ	―	六九番・観音寺
26オ	―	六八番・神恵院
25ウ	七月二五日	六七番・大興寺
25オ	七月二七日	六四番・前神寺
23ウ	七月二七日	六三番・吉祥寺
23オ	七月二八日	六二番・宝寿寺
22ウ	七月二八日	六一番・香園寺
22オ	七月二九日	六〇番・横峰密寺
21ウ	―	五九番・国分寺
21オ	同日	五八番・仙遊寺
20ウ	七月二九日	五七番・栄福寺

11	オ	八月二五日	二〇番・鶴林寺
	ウ	八月二五日	二一番・太竜寺
12	オ	八月二四日	二二番・平等寺
	ウ	八月二三日	二三番・薬王寺
13	オ	八月二三日	土州拾七ケ所遥拝處（図1）
	ウ		宇和島四ケ処　菅生　遥拝処（図2）
14	オ	八月三日	四四番・大宝寺
	ウ	八月三日	四五番・岩谷寺
15	オ	八月二日	四六番・浄瑠璃寺
	ウ	八月朔日	四七番・八坂寺
16	オ	八月朔日	四八番・西林寺
	ウ	八月一日	四九番・浄土寺
17	オ	八月朔日	五〇番・繁多寺
	ウ	―	五一番・石手寺
18	オ	八月朔日	五二番・太山寺
	ウ	八月朔日	五三番・円明寺
19	オ	七月三〇日	五四番・円明寺
	ウ	七月二九日	五五番・南光坊
20	オ	七月二九日	五六番・泰山寺
	ウ	七月二九日	五七番・栄福寺

20オ	七月二九日	五六番・泰山寺
19ウ	七月二九日	五五番・南光坊
19オ	七月三〇日	五四番・円明寺
18ウ	八月朔日	五三番・円明寺
18オ	八月朔日	五二番・太山寺
17ウ	―	五一番・石手寺
17オ	八月朔日	五〇番・繁多寺
16ウ	八月一日	四九番・浄土寺
16オ	八月朔日	四八番・西林寺
15ウ	八月二日	四七番・八坂寺
15オ	八月二日	四六番・浄瑠璃寺
14ウ	八月三日	四五番・岩谷寺
14オ	八月三日	四四番・大宝寺
13ウ	―	宇和島四ケ所菅生遥拝処
24オ	八月一〇日	六五番・三角寺
24ウ	八月一一日	六六番・雲辺寺
36ウ	八月一二日	番外　・箸蔵寺
6ウ	―	一一番・藤井寺
7オ	八月二〇日	一二番・焼山寺
7ウ	八月二〇日	一三番・大日寺

21	オ	七月二九日	五八番・仙遊寺
	ウ	七月二九日	五九番・国分寺
22	オ	｜	六〇番・横峰密寺
	ウ	七月二八日	六一番・香園寺
23	オ	七月二八日	六二番・宝寿寺
	ウ	七月二七日	六三番・吉祥寺
24	オ	八月一〇日	六五番・三角寺
	ウ	八月一一日	六六番・雲辺寺
25	オ	七月二七日	六四番・前神寺
	ウ	七月二五日	六七番・大興寺
26	オ	｜	六八番・神恵院
	ウ	｜	六九番・観音寺
27	オ	七月二四日	七〇番・本山寺
	ウ	｜	七一番・弥谷寺
28	オ	七月二三日	七二番・曼荼羅寺
	ウ	七月二三日	七三番・出釈迦寺
29	オ	七月二三日	七四番・甲山寺
	ウ	七月二三日	七五番・善通寺
30	オ	七月二三日	七六番・金倉寺
	ウ	七月二三日	七七番・道隆寺

8オ	｜	一四番・常楽寺
8ウ	八月二〇日	一五番・国分寺
9ウ	｜	一六番・観音寺
10オ	八月二〇日	一七番・井戸寺
9オ	｜	一八番・恩山寺
10ウ	八月二三日	一九番・立江寺
12ウ	八月二三日	二三番・薬王寺
13オ	八月二三日	土州拾七ヶ所遥拝処
12オ	八月二四日	二二番・平等寺
11オ	八月二五日	二〇番・鶴林寺
11ウ	八月二五日	二一番・太龍寺
1ウ	九月朔日	一場・霊山寺
2オ	九月二日	二番・極楽寺
2ウ	九月二日	三番・金泉寺
3オ	｜	四番・大日寺
3ウ	｜	五番・地蔵寺
4オ	｜	六番・安楽寺
4ウ	九月二日	七番・十楽寺
5オ	九月四日	八番・熊谷寺
5ウ	｜	九番・法輪寺

丁	日付	札所
31オ	九月一一日	七八番・道場寺
31ウ	九月一一日	七九番・摩尼珠院
32オ	九月一〇日	八〇番・国分寺
32ウ	九月一一日	八一番・白峯寺
33オ	九月一一日	八二番・根香寺
33ウ	九月一〇日	八三番・一宮寺
34オ	九月　九日	八四番・屋島寺
34ウ	九月　八日	八五番・八栗寺
35オ	九月　七日	八六番・志度寺
35ウ	九月　七日	八七番・長尾寺
36オ	九月　七日	八八番・大窪寺
36ウ	八月一二日	箸蔵寺

丁	日付	札所
6オ	九月四日	一〇番・切幡寺
36オ	九月七日	八八番・大窪寺
35ウ	九月七日	八七番・長尾寺
35オ	九月七日	八六番・志度寺
34ウ	九月八日	八五番・八栗寺
34オ	九月九日	八四番・屋島寺
33ウ	九月一〇日	八三番・一宮寺
32オ	九月一〇日	八〇番・国分寺
32ウ	九月一一日	八一番・白峯寺
33オ	九月一一日	八二番・根香寺
31ウ	九月一一日	七九番・摩尼珠院
31オ	九月一一日	七八番　道場寺

以上のように現状の綴じ順は、納経不可能であった土佐一国分と宇和島藩領の四ケ所を除き、概ね一番から八十八番の順に綴られている。これは納経終了後に綴じ直したとみるよりも、納経の際に札所側に書く丁（頁）を指示したものと思われる。ただ実際の納経順は極めて複雑なことが分かる。まず大坂から丸亀港に着き、七月二十三日に七七番道隆寺から逆順に打ち始め、六六番雲辺寺と六五番三角寺を外し、今治周辺の札所から松山周辺の札所を納経し、四四番大宝寺まで行く。そこで「宇和島四ケ所　菅生山遥拝処」の納経が行われる。「菅生山」とあり、大宝寺と同じ筆跡であることから大宝寺での納経である。その後、引き返して（八月三日に四四番大宝寺を終え、次の六五番三角寺が八月一〇日で八日間も要していることから松山平野に降りてのコースか）残して

いた六五番三角寺、六六番雲辺寺を済ませ、番外の箸蔵寺で納経する。そこを経由して、阿波の一一番藤井寺や一二番焼山寺、一三番大日寺周辺から二三番薬王寺に進む。次いで薬王寺に於て「土州十七ケ所遥拝処」の納経のあと、一番霊山寺に向かい、そこから順に一〇番切幡寺を終えて、その後は山越えして讃岐の八八番大窪寺に行く。そこからは逆順に七八番道場寺で終えるという、極めて複雑なコースを取る。ともかくこの時期の遍路の困難さが如実に窺えよう。

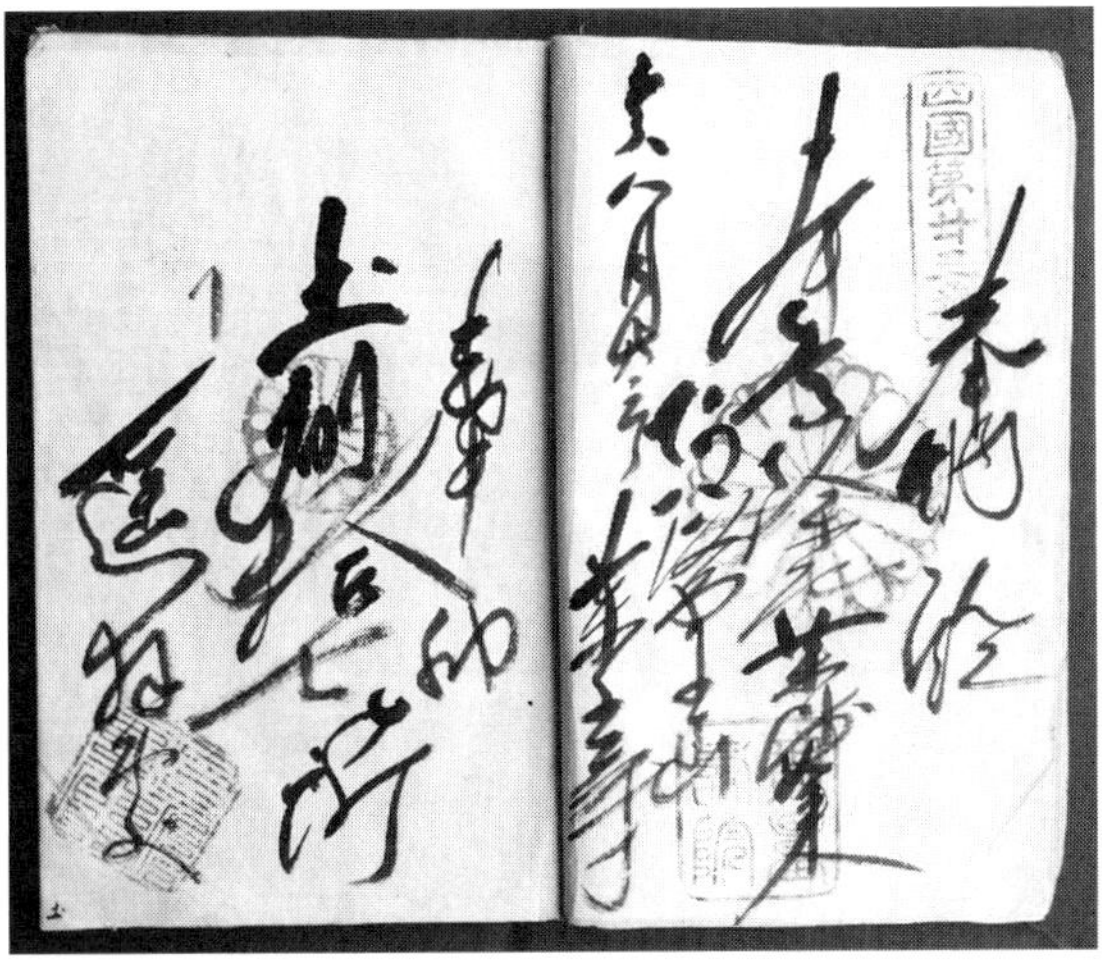

図１　文久３年納経帳（個人蔵）
23番薬王寺・土州17ケ所遥拝処

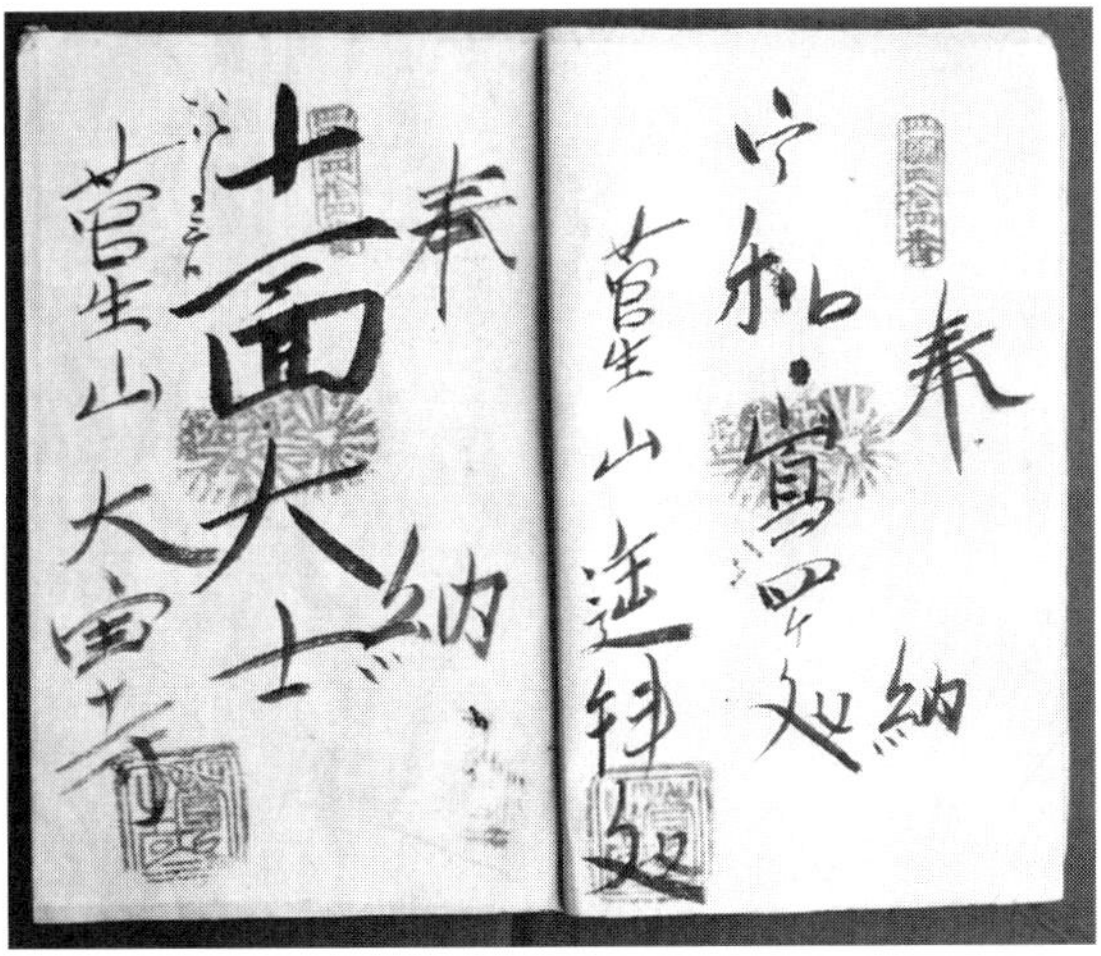

図２　文久３年納経帳（個人蔵）
宇和島４ケ所遥拝処・44番大宝寺

2 『明治二年納経帳』(個人蔵)

この納経帳は「奉納　四国八拾八ケ所納経　明治二年」とあり、明治時代であるが、番所制度が残されていることと、石鎚山付近経由の納経帳であることから採用した。伊予・周布郡の男性が巡ったもので、近くの六〇番前札所の妙雲密寺からはじまり、六一番香園寺、六二番宝寿寺と順に続き、六四番前神寺を終えたあと、讃岐は六六番雲辺寺から八八番大窪寺まで順に進み、ついで一〇番切幡寺に向かう。このコースは江戸中期ころまでは主流であったが江戸後期になると讃岐平野に下り、白鳥大神宮を拝して大坂峠から阿波に入るコースに変更される。切幡寺コースが用いられた背景には三ケ国遍路となったからであろう。切幡寺からは吉野川沿いを逆順で一番霊山寺に至り、一七番妙照寺(井戸寺)から一三番大日寺に向かうが、一一番藤井寺と一二番焼山寺は後回しにして、一八番恩山寺から二三番薬王寺まで進む。その次に「奉納　土州拾七ケ所　遥拝處」を済ませ、続いて一二番焼山寺、一一番藤井寺である。その後、どのようなルートを進んだのかよくわからないが箸蔵寺、六五番三角寺から今治の五九番国分寺へ進む。ここからは逆に四四番大宝寺へ進む。次いで四五番岩屋寺があり、その次に「奉納宇和島四ケ處　遥拝處」とあるが、筆跡や朱印が岩屋寺と同様であることから、この納経帳での遥拝処は岩屋寺であったとみられる。その後は石鎚山経由で、六〇番横峯寺を最後として終了する。

以上、二例の納経帳を考察したが、ここで興味深いのは二三番薬王寺の次に「奉納　土州十七ケ所遥拝処」、四四番大宝寺あるいは四五番岩屋寺の次に「奉納　宇和島四ケ所遥拝処」と墨書されていることである。詳しい状況は分からないが、薬王寺で土佐の十七ケ所(土佐の十六の札所と月山)に向かって、遥かに拝んだものと推察される。同様に岩屋寺あるいは大宝寺辺りで宇和島の四ケ所を遥かに拝んだものであろう。なお、この時期の納経帳を詳細にみると「土州十七ケ所遥拝処」は二三番薬王寺の次にみられ一定しているが、「宇和島四ケ所遥拝処」は大宝寺、岩屋寺など複数の納経所が存在したことがわかる。ともかく直接参拝できない札所に対し「遥拝」という行為により、遍路の人達は八十八ケ所を完結（結願）したとの認識をもったのであろう。

さて、稲田道彦氏はこの時期の納経帳二六冊を詳しく分析され[7]、そのうち「土州十七ケ所遥拝処」と「宇和島四ケ所遥拝処」の両方の納経が認められるのが五例、「土州十七ケ所遥拝処」のみが九例、「宇和島四ケ所遥拝処」のみが一例、両方とも「納経無し」が一一例であることを明らかにされている。これで分かるように、「土州十七ケ所遥拝処」は一四例、「宇和島四ケ所遥拝処」は六例で、明らかに前者が多くみられる。その原因として前者の納経所が二三番薬王寺と一定していたのに対し、後者の「宇和島四ケ所遥拝処」は納経所が大宝寺や岩屋寺以外にも複数の納経所[8]があったらしく一定でなかったことがあげられよう。そして、その順拝コースも様々のものがみられ、情報の乏しいなか、遍路の人達は四国の山中の近道を探索しながらの遍路行であったとみられる。なお稲田氏のご高論[9]にみられるように、納経帳の約半数は遥拝処の記載がないことは、全ての遍路が遥拝処の納経印を押したものではなかったのである。これは納経に伴う納経場所の問題とともに、納経料が影響しているのではなかろうか。因みに『安政三年納経帳』（個人蔵）には「土州十七ケ所遥拝處」に五十一文、「宇和島四ケ所遥拝處」に十二文の金額が書かれている。これから推察して、この当時一ケ所あたり三文の納経料であったと考えられている[10]。

三、四ケ国を巡った納経帳の例

以上、示したように嘉永七年十一月五日の南海地震発生後、十八年余に及ぶ四国遍路は三ケ国遍路という、かってない特異な状況であったことが明確となった。したがって、この時期には土佐国や伊予・宇和島藩内に入ることが不可能であったと、一般的に考えられるであろう。しかし興味深いことに、この時期の納経帳の中に八十八ケ所の全てに納経した事例が現在、三例確認できるので紹介したい。

『安政三年納経帳』二冊（香川県立ミュージアム蔵）

この納経帳は讃岐国香川郡の男性（土居由之助）と女性（土居満佐）の納経帳二冊[11]である。発足日から帰着日まで参拝順と月日がまったく同じであることから同行したもので、夫婦かと推察される。女性の納経帳の表紙に「（ユ）奉納経四国記　安政三辰年　五月吉良日」とあることから安政三年（一八五六）五月二十四日に六三番一宮寺から始まり、順に巡り八月十五日に八二番根香寺で終わる。八十日余に及ぶ四国遍路行である。通常は約四十～五十日位であるので、およそ、その倍の日数を要しているが、その理由は分からない。なお二七番神峰に次のように墨書されている。

（男性の納経帳・図3）

奉　納　経

四国第二十七番

本尊後向秘仏十一面観音菩薩

安政三辰年

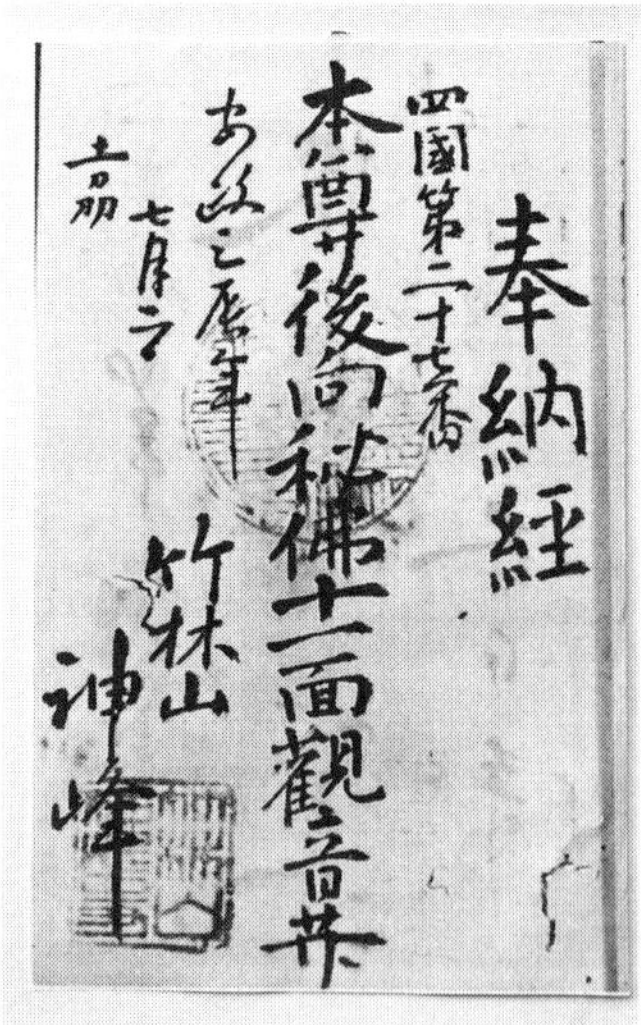

図３　安政３年納経帳（香川県立ミュージアム蔵）

七月二日　　　　　竹林山
土州　　　　　　　　神　峰

（女性の納経帳・図４）
奉　納　経
四国第二十七番
本尊十一面観世音菩薩
安政三辰年
七月二日
土州　　　　　竹林山
　　　　　　　神峯

これにより、女性の納経帳表紙の「安政三辰年　五月吉良日」と合わせ、安政三年の辰年に四国遍路が行われたと考えられる。ただ、この頃の遍路は春季の二～三月に行われるが、五月から八月という夏季であるということと、通例よりも長期に及ぶ遍路行には、何らかの理由があったのであろう。この納経帳については、すでに筆者が詳しく論じたが、これについて、新居正甫氏はこの納経帳は元々は弘化元年（一八四四）辰年のもので、ある時期に安政三年の納経帳に改竄されたとの異論[12]を提示された。改竄の内容について、次の点を上げられている。

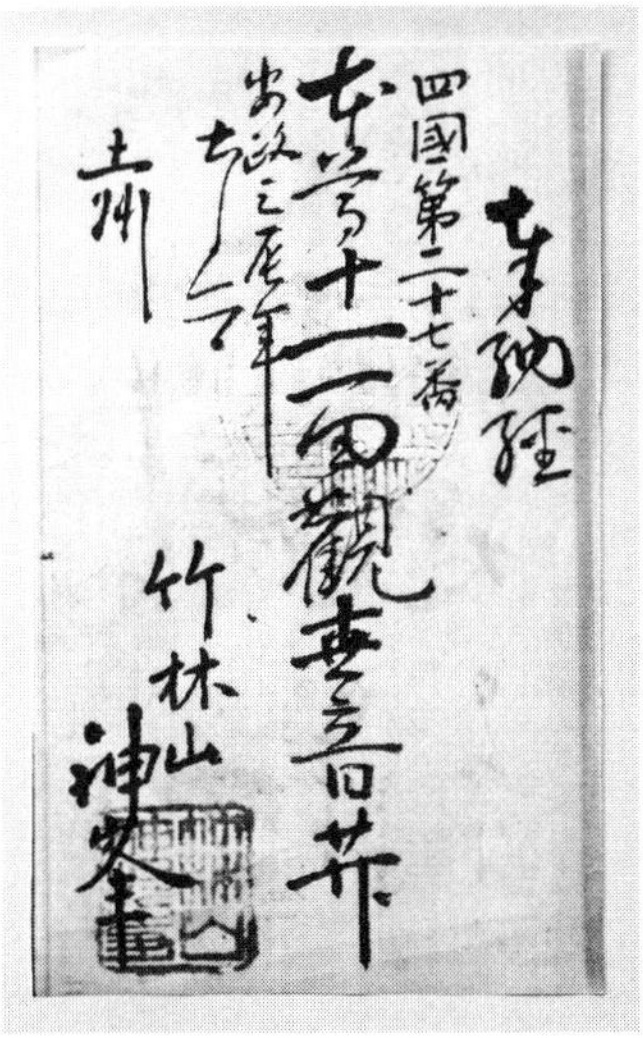
図４　安政３年納経帳（香川県立ミュージアム蔵）

①　二七番神峯の「四国第二十七番　安政三年辰年」と書かれている箇所が不自然で、当初に墨書したあと、行間に書き加えたとみられること。さらに札所番号が他の札所では朱印であるが、ここだけは墨書であること。

②　女性の願主であるにも関わらず、女人禁制の二四番東寺（最御崎寺）で「虚空蔵菩薩」（東寺の本尊）として納経されている。女人であれば「如意輪観音」（女人堂の本尊）でなければならない。また二六番西寺（金剛頂寺）も女人禁制の札所であるが「薬師如来」（西寺の本尊）とあり、女人札所の納経ではないこと。

③　納経には原則として元号は用いないが「安政三年」と納経されていること。

④　安政七年に同一人物（男性）が二冊、納経していること。

以上の理由により、辰年とあるのは土佐に入国が可能であった十二年前の弘化元甲辰年（一八四四）のことで、表紙を安政三年に改変するとともに、二七番神峯の納経帳に安政三年と記入したというのである。このことについて筆者は次のように考えている。

①については、確かに女性の納経帳は行間に窮屈そうに書かれているが、男性の方は違和感がなく、書体、墨の色などにも違和感はない。札所番号が朱印ではなく手書きであることについては、帳面中央の本尊印と寺名印が朱印で通例どおり押されており、何らかの理由で札所番号が手書きされたとみられる。

なお本尊印と寺名印についてみると、『安政三年納経帳』と『安政七年納経帳』（後記）とはほぼ同じであるが、新居氏のいわれる弘化元年（弘化元年の納経帳が入手できず直近の四年を用いた）のものとは本尊印・寺名印とも数多くの寺院で異なることが指摘できる（後述）。

②については地震に伴う津波で海に近い女人堂が流出したおそれがある。特に二六番西寺（金剛頂寺）の女人堂は海に近くその可能性[13]が高い。

③については、現存する納経帳を精査すると、全体的には干支・月日のみとするものが多いが、元号を書いた例が複数存在する。例えば『明和三年（一七六六）納経帳』（香川県立ミュージアム蔵）、『安永七年（一七七八）納経帳』（香川県立ミュージアム蔵）などがある。

④については明解に説明することは難しいが、これについては後記する。

以上、反論とするには、根拠が希薄であることは承知しているが、次の納経帳を考察することによって補強したい。

四、『安政七年〜萬延元年納経帳』（個人蔵）の分析

表紙に「安政七申閏三月吉祥日（ユ）奉納四国八十八箇所辺路同行二人」とある。土佐安芸郡の男性のもので、同郡の住人が代参（男性）している。一丁目表に「二八番大日寺、閏三月十七日」とあることから安政七年（一八六〇）閏三月十七日に出立したものとみられる。

記載順に従い記すことにする。（寺院名は納経帳による）

二八番	大日寺	閏三月十七日
二九番	国分寺	閏三月十七日
三〇番	神宮寺	同日
三一番	五台山	三月十八日
三二番	禅師峯寺	三月十八日
三三番	雪蹊禅寺	申閏三月十八日
三四番	種間寺	閏三月十九日
三五番	清瀧寺	申閏三月十九日
三六番	青龍寺	閏三月廿日
三七番	藤井山	閏三月廿一日
三八番	金剛福寺	申三月廿七日
三九番	延光寺	日付無し
四〇番	平城山	四月二日
四一番	龍光寺	申四月六日
四二番	仏木寺	四月六日
四三番	明石寺	申四月六日
四四番	菅生山	四月十二日

四五番	岩屋寺	申四月十二日
四六番	浄瑠璃寺	四月十三日
四七番	八坂寺	四月十三日
四八番	西林寺	四月十三日
四九番	浄土寺	申四月十四日
五〇番	繁多寺	四月十四日
五一番	石手寺	四月十四日
五二番	太山寺	四月十五日
五三番	円明寺	十五日
札所外	遍照密院	日付無し
五四番	宝鐘院	四月十八日
五五番	南光坊	四月十八日
五六番	泰山寺	卯月十八日
五七番	栄福寺	申四月十八日
五八番	作礼山	日付無し
五九番	国分寺	萬延元年申四月十八日
六〇番	横峰密寺	日付無し

六一番	香園寺	申四月廿日
六二番	宝寿寺	申四月廿日
六三番	吉祥寺	日付無し
六四番	前神密寺	日付無し
六五番	三角寺	日付無し
札所外	仙龍寺	卯月廿一日
六六番	雲辺寺	申卯月廿二日
六七番	小松尾寺	四月廿三日
六八番	神恵院	申四月廿三日
六九番	観音寺	日付無し
七〇番	本山寺	申四月廿三日
七一番	弥谷寺	四月廿四日
七二番	曼荼羅寺	日付無し
七三番	出釈迦寺	四月廿四日
七四番	甲山寺	日付無し
七五番	善通寺	日付無し
七六番	金倉寺	四月廿五日
七七番	道隆寺	申四月廿五日
七八番	道場寺	申四月廿六日
七九番	摩尼珠院	申四廿六日
八〇番	国分寺	日付無し
八一番	白峯寺	萬延元年四月廿七日
八二番	根香寺	日付無し
八三番	一宮寺	日付無し
八四番	屋嶋寺	申四月廿八日
八五番	八栗寺	日付無し
八六番	志度寺	申四月廿九日
八七番	長尾寺	日付無し
八八番	大窪寺	萬延元申卯月廿九日
一番	霊山寺	申五月二日
二番	極楽寺	日付無し
三番	金泉寺	申五月二日
四番	大日寺	申五月三日
五番	奥院	日付無し

五番　地蔵寺　五月三日
六番　安楽寺　申五月三日
七番　十楽寺　日付無し
八番　熊谷寺　日付無し
九番　法輪寺　日付無し
一〇番　切幡寺　申五月三日
一一番　藤井寺　日付無し
一二番　焼山寺　申五月四日
一三番　大日寺　五月六日
一四番　常楽寺　日付無し
一五番　国分寺　五月六日
一六番　観音寺　五月六日

一七番　妙照寺　日付無し
一八番　恩山寺　五月七日
一九番　立江寺　五月七日
二〇番　鶴林寺　申五月八日
二一番　太龍密寺　申五月八日
二二番　平等寺　五月九日
二三番　薬王寺　申五月十二日
二四番　聖如意輪寺　日付無し
二五番　真言院　日付無し
二六番　西寺　五月十七日
二七番　神峯　申五月十八日

この納経帳の記載から推測して、安政七年閏三月十七日から五月十八日まで、通常よりは長い、六十一日を要して四国遍路が行われたことが分かる。そして安政七年三月十八日に万延に改元されたので、それ以降の五九番国分寺で「萬延元年申四月十八日」、八一番白峯寺で「萬延元年四月二十七日」、八八番大窪寺で「萬延元年四月二十九日」が確認できるのは、まことに貴重といえよう。ここには納経年月、本尊印、寺印などをみても改竄らしきものは認められず、この納経帳が安政七年から万延元年にかけて作られたものとみて間違いない。特に閏月が三月のものは江戸時代後期には文政十三年（一八三〇）と本例のみであることを思えば、安政七年から万延元年に四国遍路が行われていたことは確実であろう。

なお女人禁制の二四番西寺（最御崎寺）では「奉納経　聖如意輪観世音　土州室戸崎女人堂」（版）とあり、女人堂での納経である。一方、二六番西寺（金剛頂寺）では「奉納経　宝殿医王仏　五月十七日　西寺」とある。この納経帳の持参者は表紙の記事では男性であるが二四番の女人堂で納経し、二六番では女人堂ではなく、男性が参拝する西寺での納経である。その理由についてはよく分からないが、南海地震による札所寺院（女人堂を含め）に対する被害の影響が極めて大きかったことが想像される。換言すれば、南海地震以後の土佐湾沿岸寺院の被害状況から、納経においても混乱が生じていたことが想像される。このことは安政三年の女性の納経帳にも同様のことがいえるのではなかろうか。

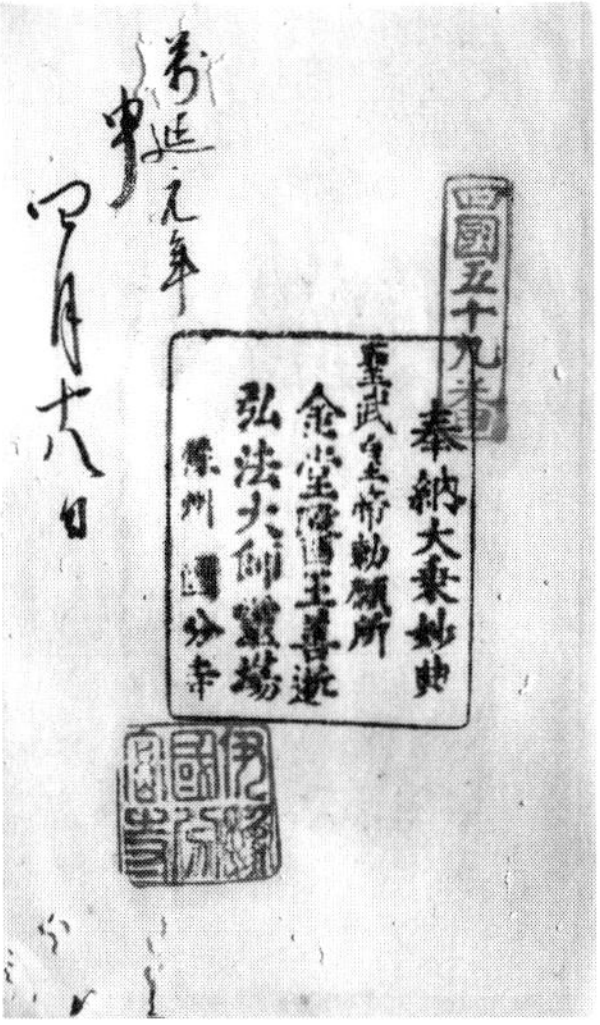

図５　安政７年～萬延元年納経帳（個人蔵）59番・国分寺

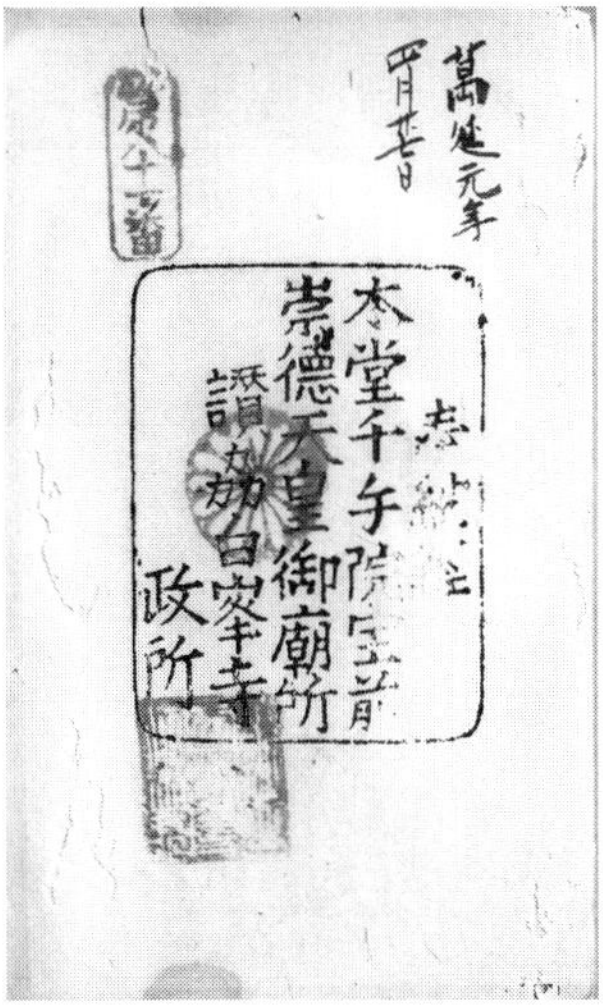

図６　安政７年～萬延元年納経帳（個人蔵）81番・白峯寺

五、『安政三年納経帳』改竄説に答えて―おわりにかえて―

稲田道彦氏は嘉永七年から明治五年までの間、基本的に遍路が土佐国・宇和島藩に入いることはできず、三ケ国遍路であったと次のように述べられている[14]。「この禁令は有効であったと筆者は考えている。しかも納経帳の記述では、ごく少数の例外事例を除いて、厳格に守られたのではないか。約二〇年の間、四国遍路は巡礼路の一部が欠けたままで四国遍路を行っていたのである。」とある。残念ながら例外事例とは何を指すのか明確にされていないが、三ケ国遍路の研究では極めて重要な論点である。本論で示した『安政七年～萬延元年納経帳』は土佐の住人によって、明確に四ケ国の遍路が行われているのである。この事例は土佐の住人であるので、素直に受け取れないかもしれないが、土佐国から宇和島藩を通過しての遍路行であり、土佐国と宇和島藩の境にある松尾坂番所・小山番所の実態がいかなるものであったか興味深い。

改竄のことについては、そもそも何故、改竄の必要があるのだろうか。新居氏は「代参の場合、納経帳は完全なものを求められる。そこに改竄しなければならない必要性、その理由が生じる。」と述べられているが、『安政三年納経帳』が代参であったとの理由はみつからない。『安政三年納経帳』に記された人物は男女二人で夫婦とみられ、讃岐国山田郡の人物で、八三番一宮寺に近い所の住人である。男女とも一冊づつの納経帳を持参して八十八ケ所を巡った。その後、男性は安政七年にも四国遍路に出るが、その際にも八三番一宮寺から納経するが、この時は逆打ちで巡り、土佐・宇和島には入っていない。この時に『安政三年納経帳』に重ね印をしており、男性は二冊の納経帳を持参したことになるが、憶測すれば同行の者が用いたことも想像されよう。『安政七年～萬延元年納経帳』は代参であるが、この納経帳にも年月日など改竄の要素は見いだしがたい。

なお念のために納経帳に捺される札番印、本尊印、寺印の比較を次のように行った。

（1）安政三年（一八五六）と安政七年～萬延元年（一八六〇）の比較（四年間）

	両者が合致する	合致しない	印無し	不明	合計
札番印	七二	一四	二	○	八八
本尊印	五三	八	二七	○	八八
寺　印	七六	一○	一	一	八八

（2）弘化四年（一八四七）と安政三年（一八五六）の比較（九年間）

	両者が合致する	合致しない	印無し	不明	合計
札番印	五八	二三	六	一	八八
本尊印	五四	九	二四	一	八八
寺　印	六三	二四	一	○	八八

ここで云えることは、安政三年と安政七年では、札番印、寺印の多くが一致しているが、弘化四年と安政三年では一致数が減少することである。新居氏の云われるように『安政三年納経帳』が弘化元年とすれば、合致数はもっと増える筈である。（弘化元年の納経帳が入手できず弘化四年となった。）

（3）安政三年（一八五六）と安政四年（三ケ国遍路の例）の六十八ケ所を比較する

	両者が合致する	合致しない	印無し	不明	合計
札番印	六一	三	四	○	六八

本尊印	四九	一	一八	○	六八
寺　印	六四	四	○	○	六八

ここでは安政三年から一年後の安政四年の札番印、寺印とも六八ケ所の殆どが合致していることから、『安政三年納経帳』が弘化元年のものではないと考えられる。

以上の検証は根気を要した作業であったが、ある特定の寺院の寺印を丁寧に見ていくと、特徴的な事実が判明した。それは九番法輪寺の寺印である。文政、天保、弘化年間、さらに嘉永六年（一八五三）までの寺印は、全て「法輪精舎」であるが、嘉永七年三月（前山おへんろ交流サロン本）の納経帳（小松勝記氏のご教示）では、「菩提道場」に変化している。その後の安政、文久、元治、慶応年間以降も、すべて「菩提道場」である。このことは嘉永七年頃に改印されたと思われるが、この「菩提道場」は以後の明治、大正、昭和と続き、さらに現在においても「菩提道場」印となっている。（もちろん、時期を経ると新しく造り替えられる。）この事実は幕末期の年代不明の納経帳を考察する上で、極めて有効な判断材料と思われる。これによって「菩提道場」と捺されている安政三年、同七年の納経帳が嘉永七年以降、さらに南海地震以後のことで、新居氏の云われる『安政三年納経帳』が弘化元年でないことは、ここでも証明できたように思われる。（図7・図8・図9・図10）

南海地震という自然災害のため、結果的には土佐国と伊予・宇和島藩領に入ることが困難な事態が生じ、八十八ケ所の全てを巡ることが困難となった。しかし誰が案出したのかは知らないが、参拝できない札所を遠くから遥拝するという行為で、八十八ケ所を満願したことは極めて興味深い。情報が混乱する中でも四国遍路に出かけようとした人達の切なる願いの結果であろうが、ここに四国遍路の底力を感ぜずにはいられない。また情報不足

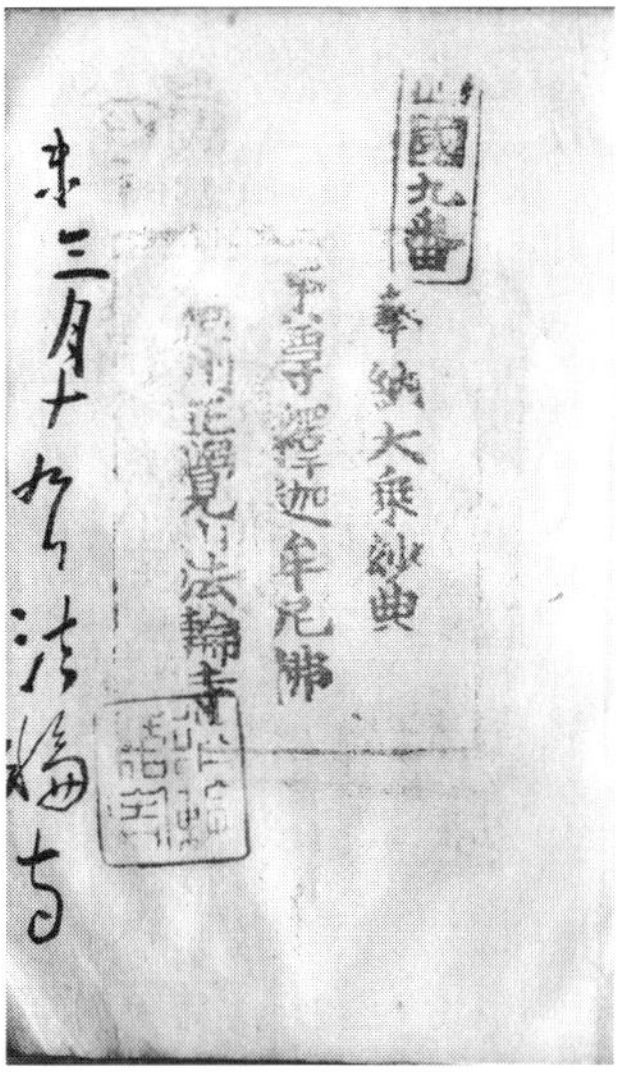

図７　弘化４年納経帳
９番法輪寺

図８　嘉永５年納経帳
９番法輪寺

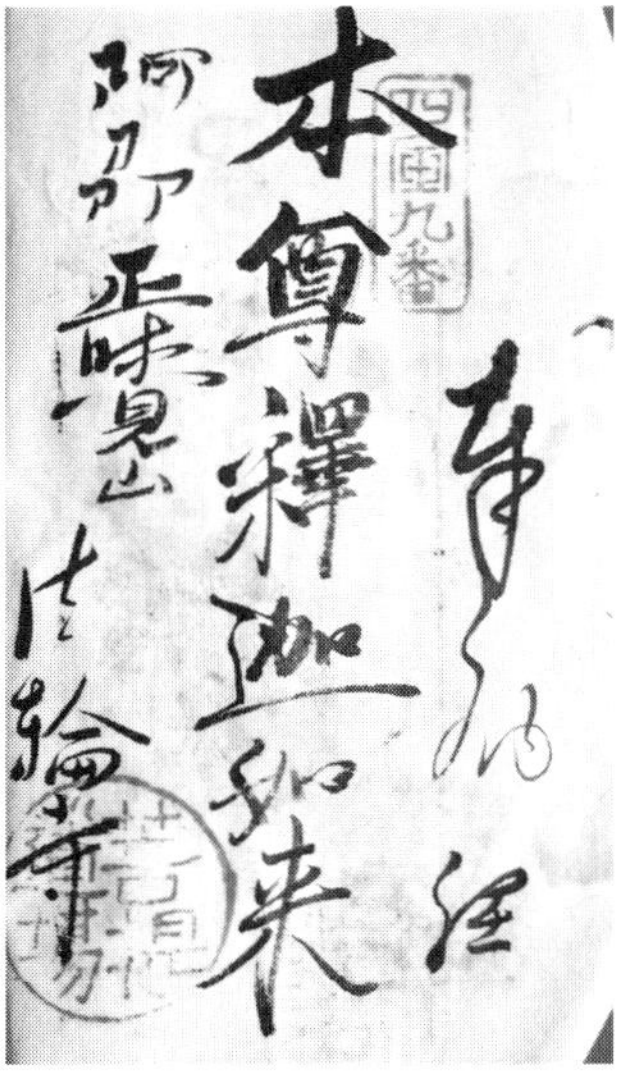

図９　慶応３年納経帳
９番法輪寺

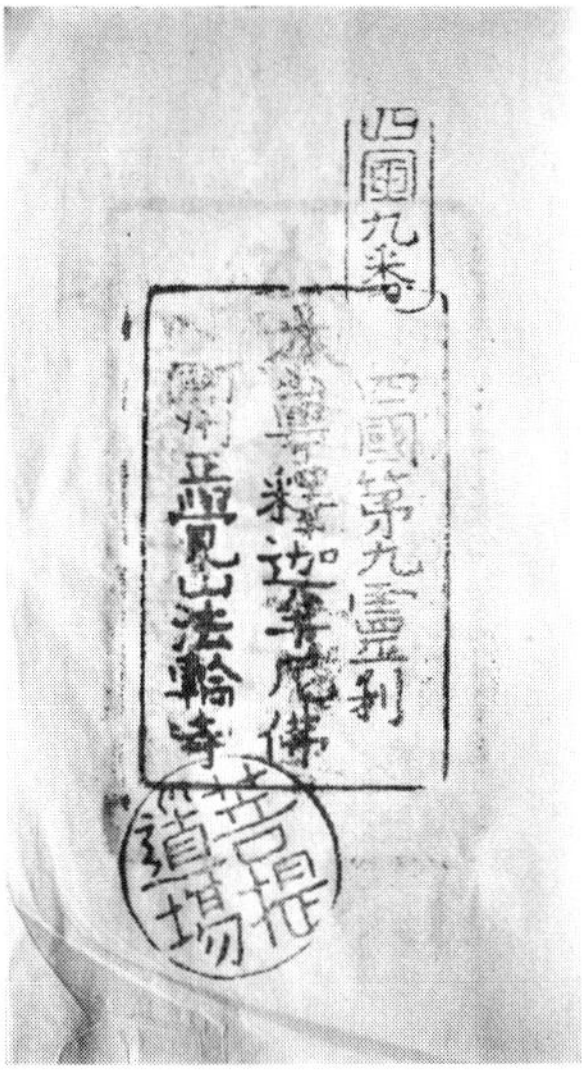

図10　明治32年納経帳
９番法輪寺

の中でも四ケ国遍路を成就した人達がいたことにも興味を覚える。どのような手段で番所を越えたのであろうか。土佐湾沿いの遍路道や民家なども大きく損壊していたはずで、宿泊も容易ではなかったであろう。これらの解明には、さらに新たな資料の出現が待たれるところである。

南海地震と四国遍路のことについては、内容を替えながらすでに三回程各誌に発表してきた。その論点は土佐国、宇和島藩領に入国できないと考えられている説に対し、僅かではあるが入国したとの説を納経帳を元に展開してきた。この筆者の説に対し新居氏は納経帳の改竄があるとの説を提示されたが、本論は新居氏の説に答えての拙論である。膨大に残る納経帳を分析すれば、時期に応じて様々の事象が四国遍路の中で生じたことをあらためて学ばせていただいた気がする。そこには四国遍路の歴史の重さを感ぜざるを得ない。

注

(1)『村山家文書』は原田英祐『東洋町歴史年表改訂版』(私家版、平成一九年八月)に掲載。
(2)喜代吉榮徳「納経帳―安丸家の三冊」(『四国辺路研究』第一四号、海王舎、平成一〇年三月)四一頁。
(3)前掲注(2)、喜代吉榮徳「納経帳―安丸家の三冊」。
(4)宇和島藩の入国禁止については稲田道彦「納経帳から見た、幕末から明治初期の遍路道の変更」(『四国遍路と世界の巡礼』編集委員会編『四国遍路と世界の巡礼』国内シンポジューム・プロシーディングス』(平成一六年二月)。
(5)稲田道彦「四国遍路の幕末期における巡礼路の変更」(『巡礼の歴史と現在』岩田書院、平成二五年一〇月)九九～一〇八頁。
新居正甫『真念『四国遍路道志るべ』の変遷』書誌研究　その五(本上や(新居正甫)、平成二九年二月)。
(6)前掲注(5)、新居正甫『真念『四国遍路道志るべ』の変遷　書誌研究　その五』三二頁。

（７）前掲注（５）、稲田道彦「四国遍路の幕末期における巡礼路の変更」一〇一～二頁。
（８）同前。喜代吉榮徳「辺路札所、称呼の変容・跋扈について」（『善通寺教学振興会紀要』第一六号、（善通寺教学振興会、平成二三年三月）。
（９）前掲注（５）、稲田道彦「四国遍路の幕末期における巡礼路の変更」一〇一～二頁。
（10）小松勝記『四國邊路日記并四國順拜大繪圖』（四国八十八ケ所三十七番岩本寺、平成二二年一〇月）二七頁。
（11）武田和昭『四国辺路の形成過程』（岩田書院、平成二四年一月）三八五頁。
（12）前掲注（５）、新居正甫『真念『四国遍路道志るべ』の変遷　書誌研究　その五』二七～三〇頁。
（13）小松勝記「四国八十八ケ所霊場の一考察」（『善通寺教学振興会紀要』第二三号、平成三〇年三月）。
（14）前掲注（５）、稲田道彦「四国遍路の幕末期における巡礼路の変更」九九頁。

第六章

納経帳・遍路日記から見た遍路道の変更

―八八番大窪寺から阿波へのコース―

はじめに

今日の四国遍路は四国外の遍路者は勿論のこと、四国内の遍路者も含め、ほとんどの遍路者は、まずは一番霊山寺から札始め、八八番大窪寺で結願して遍路行を終了するのが通例となっている。これは江戸時代以前から続いた徒歩遍路から、近・現代における遍路専門の団体バス、さらにマイカーによる遍路行へと変遷していく過程で成立したものである。換言すれば、歩き遍路しか手段のなかった江戸～明治・大正時代には、四国内の場合は直近の札所から札始め、四国外であれば、大阪から船で丸亀または徳島に到着する。丸亀の場合は七八番道場寺（郷照寺）、徳島の場合は一七番井戸寺から札始めが行われてきた。また九州や中国地方からの遍路は五六番太山寺を始めとする例も見られる。本論では現存する江戸～明治時代の徒歩遍路の納経帳や遍路日記を元にして、八十八ケ所のいずれが札始めとされたのか。そしてどのようなコース（経路）で行われ、それがどのように変化したのかを考察するものである。ただし本論では、主として八八番大窪寺から阿波に向かうコースについて検討することとしたい。

一、澄禅・真念・周英時代の遍路道

（1）澄禅『四国辺路日記』[1]（承応二年—一六五三）

江戸時代初期、承応二年（一六五三）に四国辺路した澄禅は、その旅の出来事などを『四国辺路日記』として残している。澄禅は高野山から和歌山に下り、そこから海をわたり渭津（徳島）に上陸し、徳島城下の持明院で発給された「廻り手形」を持って、井土（戸）寺から四国辺路の旅に出た。その後の順路は現在の札所順と、ほぼ同様のコースで阿波、土佐、伊予、讃岐と進む。そして讃岐大窪寺から阿波の残り分の切幡寺を経て、吉野川を下り、霊山寺で終わる。ただ現在の遍路道のコースと比較すると、伊予国分寺から横峰寺辺り、そして讃岐の弥谷寺辺りが大きく異なっている。なお井戸寺から出立したことについて

大師ハ、阿波ノ北分十里十ケ所、霊山寺ヲ最初ニシテ阿波・土佐・伊予・讃岐ト順ニ御修行也。夫ハ渭津ヨリ順道悪キ迚、中古ヨリ以来、阿波ノ北分十里十ケ所ヲ残シテ井土寺ヨリ初テ観音寺・国分寺・常楽寺ト巡行シタルガ能ト持明院ヨリ伝授也。

とある。つまり澄禅以前から霊山寺から始めるのが弘法大師の修行の道であることを示しているが、このことは澄禅が『四国辺路日記』の中で、しばしば言及している「世間流布ノ日記」に基づくものとみられる。

(2) 真念『四国辺路道指南』[2]（貞享四年―一六八七）

澄禅の四国辺路から三十数年後、「四国遍路中興の祖」といわれる大法師真念により『四国辺路道指南』（以下、真念『道指南』という）が上梓された。ここでは一番霊山寺から始まり、阿波、土佐、伊予、讃岐の八八番大窪寺まで、札所に番次が付されているが、これは画期的なことであった。ただ当時の徒歩遍路では、四国外であれば上陸した直近の札所から、また四国内であれば自宅（出発地）の直近の札所から札始めが行われるのが通例である。これは大正時代頃からみられた汽車・車による遍路行に移行するまで当然のことであった。なお真念『道指南』には

一、阿州霊山寺より札はじめハ大師巡行の次第なり。但十七番の井土寺より札はじめすれバ勝手よし。委く徳島にて可被尋。讃州丸亀城下へわたる時は、宇多津道場寺（郷照寺）より札はじめよし」。

とあり、先の澄禅と同じく大師巡行のことや井戸寺からはじめるのが便利であることを記している。この真念『道指南』は、一番霊山寺から八八番大窪寺まで本尊・詠歌などを列挙するが、途中に奥院や横堂など八十八ケ所以外の札打ち所を数多く取り上げていることが興味深い。つまり古い時代、云わば澄禅の時代の延長線上にあるといえよう。そして徒歩遍路として、当然ながら八八番大窪寺の後に「これより阿州きりはた寺まで五里。ながの村、これまで壱里さぬき分。大かけ村、これより阿州分」とあり、一〇番切幡寺へのコースが明記されており、八十八番大窪寺が遍路行の終了（結願所）でないことを明確にもの語っている

（3）周英「四国偏礼絵図」[3]（宝暦十三年―一七六三）

真念『道指南』の出版は多くの遍路に便宜をもたらせ、やがて遍路者の数も急速に増加するのが宝暦・明和頃（十八世紀中期）である。そして宝暦十三年（一七六三）に但馬の細田周英により「四国偏礼絵図」が出版された。この絵図は概ね、真念『道指南』を元に作成されたとみられ、順路や遍路道周辺のことも真念『道指南』に従って数多く表されている。この絵図で興味深いのは図の上方が南、下方が北であるが、これは図中にみられるように、大坂、播磨、備前から船で丸亀に上陸し、札始めすることを念頭に作成されたのであろう。この頃の遍路道コースは、四国外であれば、まず丸亀に上陸し、直近の七八番道場寺から始め、順に八八番大窪寺を経て一〇番切幡寺に向かうのが一般的である。そして切幡寺からは一番霊山寺あるいは一一番藤井寺に向かう両方のコースが見られるが、一番霊山寺へのコースが主流であった。なお真念『道指南』に記されているように、徳島に上陸

してから一番霊山寺に向かうコースも示されているのは有り難い。この絵図は一番から一二番までの複雑なコースを上陸地の違いによって、いかに合理的に進めば良いのかを、一目瞭然に理解でき、遍路の人達がコースを自由に選択できるように作られている。真念『道指南』では、四国の札所の位置を的確にイメージできなかったが、この絵図によって、八十八ケ所の全体的な場所を視覚的に確認できるようになったのである。

以上、三例を元に江戸時代前〜中期頃までの遍路道をみてきたが、ここで留意しておきたいのは、八八番大窪寺から一番霊山寺へのコースである。先記した三例は、いずれも一〇番切幡寺から一番霊山寺へのコースのみであった。つまり十八世紀中期ころの周英「四国偏礼絵図」制作段階においても、後述する大窪寺から讃岐平野に下りて、白鳥→引田→大坂越え→阿波のコースが見当らないことを確認しておきたい。

二、納経帳からみた遍路道

ここで現存する江戸時代から明治時代までの徒歩遍路による納経帳を検討し、どのような経路（コース）で四国遍路が行われてきたのかを見ることにする。

(1)『空性法師の納経帳[4]』（宝永七年―一七一〇）

空性法師は六十六部廻国行者で廻国途中に四国を巡り、八十八ケ所の多くに納経している。この納経帳は確認される中では、四国辺路に関わる最古クラスの納経帳である。ただ原本ではなく、コピーとして前山おへんろ交流サロン（香川県さぬき市）の所蔵となっているが、四国遍路の資料として貴重な存在である。

空性法師は淡路から渭津（徳島）に上陸したのであろう。一七番井戸寺からはじまり、周辺の札所を巡り、二三番薬王寺まで進む。その後、土佐は二四番東寺から三九番延光寺、伊予は四〇番観自在寺から六五番三角寺まで、讃岐は六六番雲辺寺から八八番大窪寺まで進む。ここから一〇番切幡寺に向かい、その後は吉野川に沿って一番霊山寺に進み、そこで四国は終わる。この納経帳は八十八ケ所以外の社寺にも数多く納経しており、六十六部廻国行者の一面を知ることができる。

(2)『丹下弥右衛門の納経帳[5]』(宝永八年―一七一一)

丹下弥右衛門は備後国の六十六部廻国行者で、四国は六五番三角寺から始め讃岐に入り、讃岐の終わり八八番大窪寺から阿波に向かう。一〇番切幡寺から始め、一番霊山寺まで行く。吉野川を南に渡り、一七番井戸寺から二三番薬王寺まで進む。土佐は二四番東寺から三九番延光寺まで。伊予は四〇番観自在寺から五五番南光坊まで進むが、四国の札所はここで終了となる。六十六部廻国行者らしく、八十八ケ所の納経はあくまで日本廻国の一部として捉えるべきであろう。

(3)『松山屋清兵衛の納経帳[6]』(宝暦三年―一七五三)

松山屋清兵衛は伊予大三島の出身であることから、地元の大山積大明神を初めに拝み、次いで五五番南光坊で納経して順に伊予、讃岐と進む。八八番大窪寺から一〇番切幡寺へ向かい阿波の始めとし、二三番薬王寺で終える。土佐は二四番東寺から三九番延光寺を終える。伊予は四〇番観自在寺から五三番円明寺で納経を終えて自宅に帰ったとみられる。この納経帳は四国遍路のみを目的としたとみられ、それまでの六十六部廻国行者のものとは異なっている。つまり出発地と終了地が明確で、八十八ケ所の札所以外には納経した形跡がみられない。四国遍路独自の納経帳の初発的なものとみられる。

（4）『佐伯宣由の納経帳』(7)（明和三年―一七六六）

佐伯宣由は讃岐国豊田郡井関村の庄屋である。近在の六八番琴弾八幡宮から始めて、八八番大窪寺を三月朔日に終える。阿波は一番霊山寺に三月三日の納経で、同日に九番法輪寺まで進み、一〇番切幡寺には三月四日の納経である。これまでとは異なり、八八番大窪寺から一番に向かっている。その経路はこの納経帳だけでは判然としないが、おそらく讃岐平野に下りて、白鳥大神宮を拝み、引田から大坂越えで一番霊山寺に向かったとみられる。三月七日に薬王寺、続いて土佐に進み、三月十八日に三九番延光寺を終える。伊予の最後は六五番三角寺で、讃岐の六六番雲辺寺には三月二十八日。同日六七番大興寺を終えて帰宅した。全行程は三十四日と極めて早い遍路旅である。

（5）『佐伯民治の納経帳』(8)（安永七年―一七七八）

佐伯民治は先記と同じ井関村の佐伯家の人である。二月二十一日、自宅近くの六七番大興寺から始め、二月二十七日に八八番大窪寺を済ませた後、二十八日に三番金泉寺、二十九日に二番極楽寺、同日一番霊山寺、以後四番大日寺から順次進む。三月六日に二三番薬王寺、三日間をかけて土佐に入り、四月十九日に三九番延光寺から伊予に入る。五月十二日に六五番三角寺、そして六六番雲辺寺で終わる。八八番大窪寺から三番金泉寺と続く納経順からみて、大窪寺から白鳥、引田を経由し、大坂越えで阿波に入ったことは間違いない。

（6）『作州・要助の納経帳』(9)（安永九年―一七八〇）

二月十八日に七八番道場寺から始まることから、自宅（美作）を出て備前に着き、そこから船に乗り丸亀に上陸したものであろう。八八番大窪寺を終え、続いて一〇番切幡寺の納経で、その後は一番霊山寺まで逆打ちで進む。一七番井戸寺から一五番国分寺までを終えて、二三番薬王寺は三月四日頃である。数日をかけて土佐の二四番東寺から始まり、三月二十五日に三九番延光寺に納経する。伊予は順に進み、六五番三角寺が四月十五日である。讃岐は四月十六日に六六番雲辺寺から始まり、四月十八日に七七番道隆寺で四国遍路が終了する。おそらく四国遍路のみを目的としたものであろう。明和三年（一七六六）には、すでに先記した『佐伯宣由の納経帳』に大坂越えのルートが確認できるが、ここでは八八番大窪寺～一〇番切幡寺の古いコースでの遍路行である。

（7）『某国・上田藤次郎の納経帳[10]』（寛政十三～享和元年―一八〇一）

大坂から船で丸亀に上陸し、七八番道場寺から四国八十八ケ所が始まる。八八番大窪寺から讃岐平野に下り、白鳥大神宮の納経を終えて、大坂越えで阿波に入り、一番霊山寺から順に二三番薬王寺に納経する。土佐は二四番東寺から三九番延光寺まで進む。伊予は四〇番観自在寺から六五番三角寺を経て、讃岐は六六番雲辺寺から七七番道隆寺が結願である。次いで備前の瑜珈山蓮台寺の参拝には船で行く。江戸後期頃の大坂から船に乗り丸亀上陸後の典型的な遍路のコースである。前後の納経状態からみて、四国遍路のみではなく、前後に多くの納経がみられる。

（8）『江州住人の納経帳[11]』（文政三年―一八二〇）

この納経帳は近江・神崎郡の住人のもので、まず「奉納経　御室御所伽藍　文政三年四月吉日」とあり、京都の御室仁和寺の伽藍からはじまり、次に東寺伽藍がみられる、次いで「奉納経　本尊阿弥陀如来　讃州仏光山道場寺　月　日　行者丈」とあり、四国は七八番道場寺からはじまり、次の七九番摩尼珠院が続く。おそらく大坂から船で丸亀に上陸したものと考えられる。その後は八八番大窪寺まで進み、次いで「讃州大内郡　白鳥大神宮　廣前　當番社家　月日」とあることから、先の例と同じく讃岐平野に下りて、白鳥大神宮から引田～大坂峠を越えて一番霊山寺に向かったものである。その後、阿波は二三番薬王寺で終わる。土佐は二四番東寺から三九番延光寺まで順に進む。伊予は三九番観自在寺から六五番三角寺で終わる。讃岐は六六番雲辺寺から始まり七七番道隆寺で、この納経帳は終わる。（7）と同じく大坂から船で丸亀に到着し、七八番道場寺からはじまり、七七番道隆寺で終わる江戸時代後期の典型的な大坂方面からの四国遍路の例である。

(9)『紀州・喜兵衛の納経帳』[12]（文政十年―一八二七）

この納経帳は紀州・喜兵衛のもので、まず一番霊山寺から始まる。おそらく船で和歌山から鳴門辺り、または徳島に上陸したものであろう。続いて二番極楽寺、三番金泉寺、四番大日寺がみられ、二三番薬王寺で阿波が終了する。土佐は二四番東寺から始まり、三九番延光寺まで進む。伊予は四〇番観自在寺から六五番三角寺まで順に進む。讃岐は六六番雲辺寺から八八番大窪寺で終了している。一番から八八番まで欠けることなく、順通りの遍路行である。八八番大窪寺の次に「鳴門瓶大明神八大龍王社広前、別当蓮花寺　十月四日」とあり、八八番大窪寺から讃岐平野に下り、その後大坂越えで阿波の蓮花寺を最後とし、鳴門から紀州の自宅に帰ったものと見受けられる。およそ二ケ月強に亘るもので、比較的ゆっくりとした遍路行である。和歌山から四国に渡る遍路の一例で、一番から八八番まで順に進むが、これは遡れば高野山から四国に渡る例とも換言できよう。

(10)『丹後・與四郎の納経帳』[13]（嘉永元年―一八四八）

この納経帳は丹後国の住人のもので、十二月某日に七八番道場寺から始めて、八八番大窪寺に十二月七日に到着する。次いで三番金泉寺、二番極楽寺、一番霊山寺を納経して二三番薬王寺には十三日に納経を終える。土佐は十二月十六日に二四番東寺からはじめ三九番延光寺は十二月二十四日頃で終わる。伊予は十二月二十五日に四〇番観自在寺に始まり、正月七日に六五番三角寺が終わる。讃岐は正月七日に六六番雲辺寺に始まり、正月九日に七七番道隆寺で終わる。丹後が自宅であることから、大坂または播州あたりから丸亀に上陸したことが想像され、八八番大窪寺から白鳥、引田、大坂越えのコースである。一ケ月余りの極めて早い遍路旅で、この頃にまま見られる「走り遍路」の一例である。

(11)『伊予・吉太郎の納経帳』[14]（明治二年―一八六九）

伊予・西条付近の自宅に近い六一番香園寺から始め、順に六五番三角寺まで進む。讃岐は六六番雲辺寺から順に八八番大窪寺まで行くが、そこからは一〇番切幡寺に進む。その後は逆順に一番霊山寺まで行き、吉野川を渡り一七番妙照寺（井戸寺）周辺などを済ませ、二三番薬王寺で「土州十七ケ所遥拝」を終える。続いて一二番焼山寺などに納経して伊予に戻り、逆に四五番岩屋寺の納経を済ませ、「宇和島四ケ所遥拝」の納経後、六〇番横峰寺で終わる。安政の南海地震による三ケ国遍路の影響を受けた複雑なコースである。この三ケ国遍路が行われた時期には、八八番大窪寺から一〇番切幡寺へ向かう遍路の例がいくつか見られるとともに、四四番岩屋寺から六〇番横峰寺（逆の場合もある）をとるコースが出現する。

(12)『讃岐・某人の納経帳』[15]（明治十五年―一八八二）

讃岐在住で七八番道場寺を始めとする納経帳からみて、丸亀周辺の人物と思われる。八八番大窪寺の納経を終え、次いで阿波に入り一番霊山寺としているので、大坂越えとみられる。その後は札所順に二三番薬王寺で阿波を終える。土佐は二四番東寺から三九番延光寺まで順に進むが、途中に月山神社がみられ、この時期の遍路としては珍しい。伊予は四〇番観自在寺に始まり、六五番三角寺で終わる。讃岐は六六番雲辺寺に始まり、七七番道隆寺で終わるが再び七八番道場寺の納経が見られる。その後、高野山奥院御供所にも納経している。結願後に、お礼参りと称して高野山に登る一例である。なお、この頃の納経帳には月日を記入しないことから全体の日数の把握が難しい。

三、遍路道の経路と変更

前述で十二冊の納経帳の概略をみてきたが、以下のとおり簡単にまとめてみたので、二～三、気の付くことを考察したい。まず八八番大窪寺から阿波へのコースである。

(1) 八八番大窪寺から阿波へのコース

番	納経年	氏名	住所地	札始め	大窪寺～阿波	結願所	備考
1	宝永八年（一七一〇）	空性法師	武蔵	井戸寺	大窪寺→切幡寺	霊山寺	六十六部
2	正徳五年（一七一一）	丹下弥右衛門	備後	三角寺	大窪寺→切幡寺	南光坊	六十六部
3	宝暦三年（一七三五）	松山屋清兵衛	伊予	南光坊	大窪寺→切幡寺	円明寺	四国遍路
4	明和三年（一七六六）	佐伯宣由	讃岐	琴弾八幡宮	大窪寺→霊山寺	大興寺	四国遍路
5	安永七年（一七七八）	佐伯民治	讃岐	大興寺	大窪寺→霊山寺	雲辺寺	四国遍路
6	安永九年（一七八〇）	要助	美作	道場寺	大窪寺→切幡寺	道隆寺	四国遍路
7	享和元年（一八〇一）	上田藤次郎	不明	道場寺	大窪寺→霊山寺	道隆寺	四国遍路
8	文政三年（一八二〇）	神崎郡住人	近江	道場寺	大窪寺→霊山寺	道隆寺	四国遍路
9	文政十年（一八二七）	喜兵衛	紀伊	霊山寺	大窪寺→霊山寺	大窪寺	四国遍路
10	嘉永元年（一八四八）	與四郎	丹後	道場寺	大窪寺→霊山寺	道隆寺	四国遍路
11	明治二年（一八六九）	吉太郎	伊予	香園寺	大窪寺→切幡寺	横峰寺	三ケ国遍路
12	明治十五年（一八八二）	某人	讃岐	道場寺	大窪寺→霊山寺	道場寺	四国遍路

以上、十二例の納経帳の経路を整理したが、ここで本論の目的である、大窪寺からのコースについて検討してみる。

◎八八番大窪寺から一〇番切幡寺コース

番号（1）～（3）までは真念『道指南』に

これより阿州きりはた寺まで五里。○ながの村、これまで壱里さぬき分。○大かけ村、これより阿州分。○犬のはか村○ひかひだに村、番所、切手あらたむ。大くぼじ（より）これまで山路、谷川あまたあり。是よりきりはたじまで一里。

とあるように、八八番大窪寺から山中の道に入り、谷や川が数多く存在する難所を通り、阿讃の国境のひかい谷の番所を越えて阿波に入るコースで、一〇番切幡寺から吉野川に沿って下り、一番霊山寺に進むコースである。このコースは空性法師や松山屋清兵衛にみられるように、宝暦年間（一七五一～六四）頃までは、主要な遍路道と考えられる。

◎八八番大窪寺から一番霊山寺コース

明和三年（一七六六）『佐伯宣由納経帳』、安永七年（一七七八）『佐伯民治納経帳』には、八八番大窪寺の次に一番霊山寺の納経が確認できる。これは八八番大窪寺から讃岐平野に下り、白鳥大神宮（図1）に参拝し、引田の町を過ぎて阿波と讃岐の国境の大坂峠を越え、三番金泉寺へ向かうコースである。この頃以降から八八番大窪寺～一番霊山寺、つまり大坂越えコースに変更するのである。変更の時期は明和～安永年間（一七六四～八一）頃を境に徐々に変化の兆しがあり、寛政年間（一七八九～一八〇一）頃には、このコースがほぼ定着したとみられる。もちろん全ての遍路がそうした訳でないことは、安永九年『美作・要助の納経帳』や明治二年『伊予・吉太郎の納経帳』などのように、一〇番切幡寺へ向ったものもみられる。前者は短期間（短距離）に巡ることによるもので、後者は安政の南海地震に伴う、幕末から明治時代初期の三ケ国遍路による複雑なコースを選んだ結果とみられ興味深い。

なお大窪寺から霊山寺のコースでは、白鳥大神宮の納経の例が数多くあり、このコースの特徴といえよう。白鳥大神宮は東讃屈指の古社で、『讃岐国名勝図会』[16]によれば寛文四年（一六六四）に高松藩主松平頼重が再興して、二百石を賜り白鳥大神宮と称され、大いに繁栄した。『讃岐国名勝図会』巻一に白鳥大神宮の壮大な境内図がみられる。また白鳥旅舎の図もみられるが、そこには多くの往来人がみられ、なかに四国遍路者とみられる人物も確認できる。阿波と讃岐の往来の繁盛ぶりが窺える。

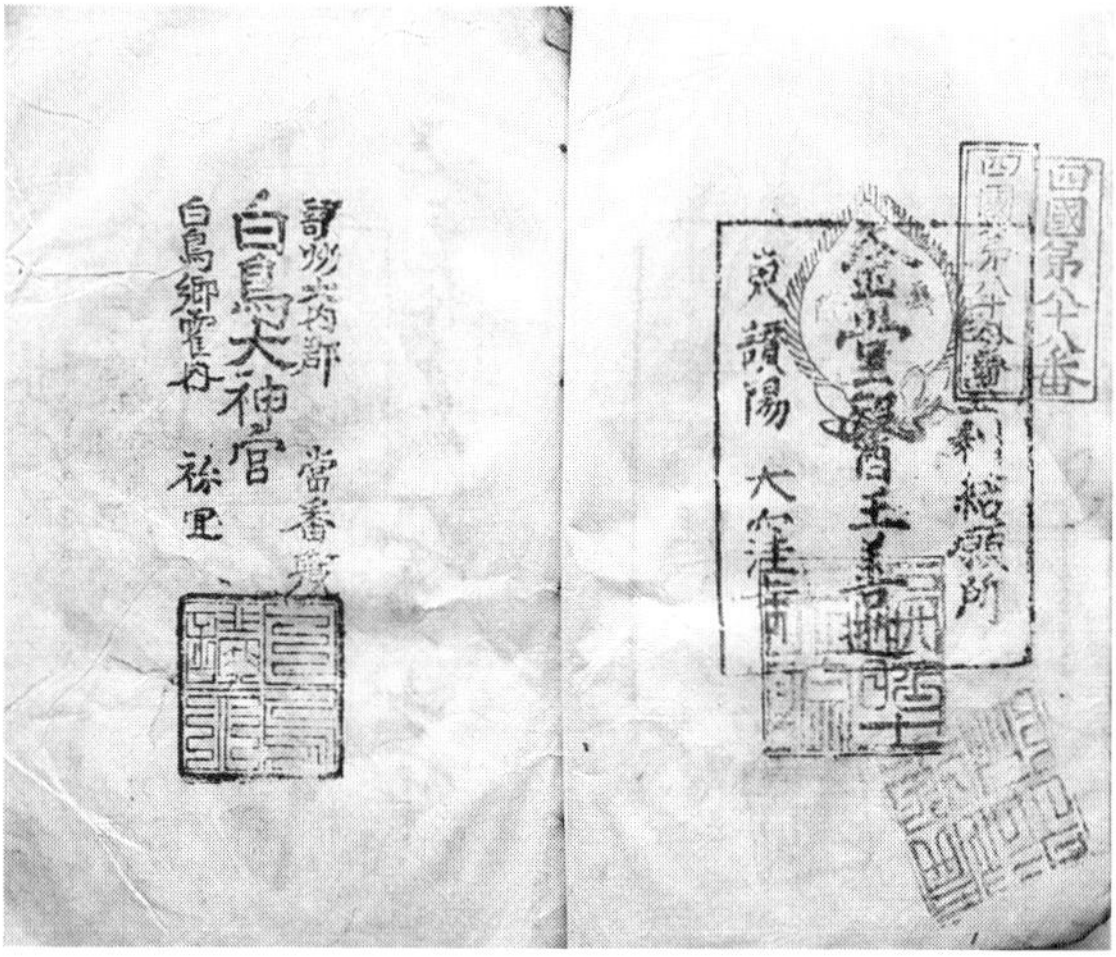

図１　弘化２年納経帳（個人蔵）
88番大窪寺～白鳥大神宮

四、遍路日記にみる順路

前述では、現存する納経帳を元にして、遍路道のコースの変更や出発地・結願所などについてみてきたが、ここでは遍路者が残した日記を参考にして、八八番大窪寺から阿波の札所へのコースについての確認を試みたい。

(1) 佐伯藤兵衛『四国辺路万覚日記』(17)(延享四年—一七四七)

この日記は承応二年（一六五三）の澄禅『四国辺路日記』に次いで古いものである。佐伯藤兵衛の納経帳が確認できないのは、この頃は四国遍路独自の納経帳がまだ作られる時代ではなかったのであろう。日記には次のように記している。

同二日、天気能、早朝八栗寺札納、志度寺、長尾寺御札納、奥山村政所多左衛門殿ニ一宿、同三日、日和能、大久保寺御開帳札納。昼八つ前ニ阿州ひがい谷へ入、切幡寺、法輪寺御札納、どなり村ノ内杉ノ尾宗次郎殿ニ一宿、同四日、荷物預ケ置南へ渡ル。

とあって八八番大窪寺から一〇番切幡寺に向かい、一〇番、九番法輪寺を済ませた後、吉野川の南岸に渡り、一一番藤井寺と一二番焼山寺を済ませ、引き返して吉野川を渡り帰り、八番から逆に進むのである。これは一一番と一二番が通常のコースでは、大きく離れているために先に済ませるやり方で、四国に住居しコースを熟知した遍路ならではのアイデアである。

(2) 玉井元之進『四国中諸日記』[18](寛政七年―一七九五)

この日記は伊予国上野村庄屋の玉井元之進が寛政七年二月十七日から四月二十日頃までの約六十日間の遍路旅の記録である。

一、同八日(同)、右同泊り〻大窪寺江参り夫与りゆう野木村貞四郎江泊る。同九日(同八ツ半ニ阿州へ入)、右同泊り〻白鳥宮江参り候処結構成事、大門に白鳥と御座候、可致参詣所也。夫〻大坂村喜右エ門方へ泊る。

一、同十日、右同泊り〻霊山寺、極楽寺、金泉寺、大日寺、地蔵寺、此所五百羅かん有り参詣可致処也。

とあり、大窪寺から白鳥大神宮へと進み、大坂村での宿泊であるから、大坂越えで阿波国に入ったことが判明する。その後、一番霊山寺から阿波十里十ケ所に進んだのである。

(3)『四国遍礼名所図絵』[19](寛政十二年―一八〇〇)

この日記は阿波国那賀郡富岡の河内屋武兵衛が、寛政十二年三月二十日から五月三日までの、四十三日間の遍路旅の記録である。特に札所の境内図が細密に描かれているのが特徴で、当時の札所の情景を知る上でまことに貴重である。

八十八番医王山遍照院大窪寺　切幡寺へ五り
霊山寺へ

（中略）

奥院本堂より十八丁山上にあり今ハ人間不通也　谷川数多あり五名村、此所ニて一宿
廿六日雨天出立長野村此所より右切幡寺左白鳥道　山坂　仁井の山村此所左ハ本道大水時ハ右へ行く川側行べし　谷川
新川村此所より白鳥へ十六丁馬場白鳥町
本社白鳥大神宮　末社　社家　塩屋川　引田町此所ニて一宿
閏四月廿七日日和吉出立　引田町浜辺をとふる　通念島壱里斗沖に二ツ並ぶしまをいふ也　川小川也わたる
馬宿村浜辺とふる　坂本村是より坂に懸る　逢坂　不動尊坂中に有滝あり　讃岐阿波国境坂の峠にあり
阿波板野郡　大師堂坂の峠あり　峠より徳島城・麻植郡南方一円に見ゆる
大坂村番所有り切手改む　大寺村此所ニ荷物置霊山寺江行是迄戻る
第一番竺和山一乗院霊山寺　極楽寺江十丁

（後略）

ここでは大窪寺から五名村→長野村→仁井戸の村（入野山村）→新川村を経て白鳥大神宮に至ることが記載されている。白鳥大神宮の参拝後に引田の町で宿泊し、馬宿、坂本から大坂峠にかかり、国境を越えて大坂番所を過ぎて、大寺村で荷物を置き、一番霊山寺に向かうのが、この頃の一般的な遍路道コースであったことが分かる。大坂越えをして、大道につき当る三番金泉寺あたりの賑わいが想像される。

（4）新延氏『四国巡礼道中記録』[20]（天保四年―一八三三）

この日記は讃岐国三野郡吉津村の新延氏など、九人が天保四年二月二十から四月二日まで四十二日間の記録である。

一、大くほ寺納札事、同所ニ而阿州平馬相子村ゟいり菓子摂待候事、夫ゟ白鳥村善根宿中村ニ而茂七郎殿方ニ而止宿致候、若又白鳥参詣之砌ハ少し立寄呉候様ニ申出候

同廿六日、雨天

一、同所白鳥宮参詣、夫ゟ阿州へ入込大坂口番所往来相改済申候、正九つ半時ニ相済、夫ゟ三番金泉寺納札之事、且門前ニ而木賃宿ニ止宿之事、同行無事之手紙関東ゟ金毘羅参詣人へさしかね屋伝へニ而頼遣ス

とあり、大窪寺から白鳥村に向かい、白鳥大神宮を参拝し、阿波の大坂口番所で往来手形を改め、三番金泉寺に札納めしたのである。大坂峠を下ると三番金泉寺あたりに出るので、ここが阿波での最初の札納めとなるが、遍路によっては、まず一番まで行き、そこから順に札打ちする例も多い。

(5) 佐治氏『四国日記』[21]（弘化二年—一八四五）

この日記は筑前国津屋崎村の佐治徳左衛門母を含め九名が、九州から三月十六日に伊予三津浜に上陸し五十七日間の四国遍路の記録である。

同三日　晴天

朝宿立、壱里修行、茶やにておわけ、夫ゟ八十八番醫王山大窪寺奉納也、本尊薬師如来、御門三釣鐘堂にして御札所左りに大師堂有、此所茶やにて御わけ、わらひ吸物有、其夫ゟ壱里計り行、道はたに能き百姓有り、爰に宿借り留る、留りなれともせんごんにて其上ふろわかし入（後略）。

道五里　宿　長野村万左衛門殿

此日御札壱枚、摂待なし、米七十五文
同四日　雨天
宿立壱里余行、道ばた家にて御わけ、雨ふり世話しき事なり、此前後村々すべて砂糖を作る、夫ゟ二里半計の間山坂谷合にて多きもの有、鴬時鳥也、至而難所也、夫ゟ谷合をぬけ二保山と言処ニ観音堂有、大師御作の御本尊也、前に大師の御腰掛の石有り、此所茶堂に休ミ夫ゟ与田山村通、段々川多し、夫ゟ暫く行、白鳥村通少行、道はた茶やに休ミ、まんちう有り、夫ゟ半道計行、白鳥町茶やにて御わけ、豆腐、干大こ、わらひ、吸物有、夫ゟ白鳥大神宮参詣、能き御宮也、御門くわいらふ有り、馬場長し、町も能き町也、夫ゟ一里餘行、ひけたの町に着く、此時八つ半此雨風はけしきにつき、宿借り留る、ぜんごん宿也、二軒に別れ、筑後同行三人は壱軒方ニ参る、千軒の所にて能き町也、
　道五里余、宿　ひけた町金光や源吉殿
此日御礼摂待なし、米七十五文
　　同五日　朝小雨、昼ゟ晴る
早朝ひけた立、夫ゟ濱邊通暫行、碁の浦番所有り、日附を取、是ゟ阿波の国也、（後略）。

これは先記二例と同様に八八番大窪寺から白鳥大神宮に参拝し、引田にいたるコースをとるが、大坂越えをせずに海岸沿いに進み、阿波境の碁浦番所を通過するコースである。このコースは鳴門まで浜辺を歩くもので、なかなかの難所であるが、鳴門の渦潮見物が行われる例も、まま見られる。また、なかには引田から船で鳴門に直行するコースもみられるが、これは経済的に豊かな遍路とみられる。

五、まとめ

四国遍路の特徴は回遊型の巡礼という。しかし、これは徒歩遍路の時代、つまり明治時代末期から大正時代ころまでのことで、特にここ数十年余りはバス・自家用車などで、一番霊山寺から始め、八八番大窪寺で結願して遍路旅が終わることが多く、最近の事例からみれば回遊型と云うわけにはいかない。本論では回遊型というに相応しい、徒歩遍路時代の遍路のコースについて、納経帳や日記などから、その実態について考えてきたが一応のまとめとしたい。四国内の遍路者は住居地の直近の札所から始めるのが通例であるが、四国外の遍路者は船で海を渡り、上陸地によって札始め所が異なる。

(1) 札始めと結願所

出発地と上陸地	札始め	結願所
大坂から船で徳島（渭津）上陸	一七番井戸寺	一番霊山寺
紀州から船で撫養上陸	一番霊山寺	八八番大窪寺
大坂・備前から船で丸亀上陸	七八番道場寺	七七番道隆寺
大坂・備前から船で多度津上陸	七七番道隆寺	七六番金倉寺
博多・安芸方面から船で三津浜上陸	五二番太山寺	五一番石手寺
豊後から船で八幡浜・三崎浦・三机浦上陸	宇和島四ケ所か	宇和島四ケ所か

四国外からの場合、どこの港に上陸するかによって札始めが異なるが、徳島（渭津）の場合は一七番井戸寺から札始めが行われる。また大坂から讃岐丸亀への渡海コースが盛んになると、丸亀港に上陸し、七八番道場寺から札始めが主流となることは、江戸時代中期以降の納経帳から確認できる。紀州からの遍路も多かったとみえ、鳴門・撫養に上陸して一番霊山寺を札始めとする納経帳も、ままみられる。

北九州や中国地方からの例もみられるが、その場合は伊予三津浜に上陸して五二番太山寺からの札始めが日記により確認できる。また九州の豊後あたりから伊予南部の三崎浦・三机浦・八幡浜へ上陸する例も知られる[22]が、筆者はこれに関する納経帳は未見で、どのような順路で行われたのかは不明である。なお時代は下るが、明治四十三年〜大正二年頃の『四国八十八ケ所道中案内記』（個人蔵）によれば

上方人（上方の人）は徳嶋又は撫養町より一番（霊山寺）札初るなり。中国人（中国地方の人）は高松より八十三番（一宮寺）初とす。丸亀に上る人は七十八（道場寺）初番とす。多度津上る人は七十六番（金倉寺）初也。九州の人は三津ケ浜より五十二番（太山寺）初とす。豊後地方の人は八幡浜より四十三番（明石寺）を札打はじめる也。

とあり、この頃には各地の港が利用されていたことが分かる。

(2) 遍路道（コース）の変更

真念『道指南』には、一番から八八番までの遍路道が明示されているが、時代とともに大きく変化したのが、八八番大窪寺から阿波の札所へのコースである。

札始め所～八八番大窪寺～一〇番切幡寺～一番霊山寺	・澄禅の時代（十七世紀中期）以前から宝暦年間頃（十八世紀中期）までは唯一の遍路道とみられる。 ・宝暦年間以降にも確認できるが、ごく少数である。 ・三ケ国遍路の時代に一時、数多くの例を見る。
札始め所～八八番大窪寺～白鳥大神宮～大坂越え～一番霊山寺または三番金泉寺	・明和年間頃（十八世紀後期）から移行する。 ・白鳥大神宮に納経する例が多い。 ・途中に徳島藩の大坂口番所が有る。 ・三番金泉寺に納経する。または一番霊山寺に行き納経を行う。
札始め所～八八番大窪寺～白鳥大神宮～碁浦～一番霊山寺	・讃岐と阿波の境、海岸沿いに碁浦番所が有る。 ・鳴門を経由して一番霊山寺に行く。（『佐治家文書・四国日記』弘化二年）
札始め所～八八番大窪寺～白鳥大神宮～引田港～鳴門～一番霊山寺	・引田浦から船で鳴門に着く。 ・渦潮見物

以上のように、当初は八八番大窪寺から一番切幡寺へのコースが唯一とみられるが、その後、八八番大窪寺から讃岐平野に下り、白鳥大神宮を拝し納経する。そして引田の町を通過し阿波の国境の大坂峠を越えて、三番金泉寺に向かうコースが盛んとなったことは多くの納経帳や日記から確認できる。おそらく、江戸時代中期以降のほとんどの遍路者がこのコースを選んだと思われる。[23] その理由のひとつとして、一〇番切幡寺に向かう遍路道の不便さが考えられよう。そして白鳥大神宮の繁栄に伴い『四国徧路御詠歌道案内』（文化十一年―一八一四）に白鳥大神宮が広告のような形で掲載されたことも少なからず影響を及ぼしたであろう。なお引田から海岸沿いに陸路で阿波に入り、碁浦番所を通過して鳴門に入り、一番霊山寺に向かうコースと引田港から船で鳴門に向かうコースの例も見られる。

おわりに

澄禅『四国辺路日記』を読むと、数多くの遍路修行者の存在が知られ、そこには、現在の八十八ケ所札所以外の霊地、霊山などにも足を延していたことが記されている。やがて真念『道指南』により、一番霊山寺から八八番大窪寺までの番次が決定され、遍路道のコースも明示されたのが江戸時代前期である。この頃には、慈眼寺や月山・篠山などの横堂（道）は別にして、多くの遍路者は真念『道指南』に沿った遍路道を歩んだであろう。それは細田周英の「四国徧礼絵図」にも表れている。しかし時代とともに遍路者が増加し、さらに町の発展、特定の社寺の興隆、道路事情などにより、遍路道の変更が行われたことが分かる。特に大きく変わったのが、八八番大窪寺から阿波へのコースであろう。江戸時代中期頃までは一〇番切幡寺へ向かうのであるが、中期以降は大窪寺から讃岐平野に降りて、白鳥、引田を経由して大坂峠を越えて阿波に向かうコースを遍路者が選んだ。このことは数多く残されている納経帳や日記などから判明する。（ただし全ての遍路者がそうした訳ではないこともまた確かである。）本論では時代とともに変化する遍路道を古い納経帳や遍路日記によって考察してきたが、現在ではどうであろうか。車社会となった今日は一番霊山寺から始め、八八番大窪寺で結願となり、八八番から一番への遍路道は無きが同然である。四国遍路も時代とともに変化していくのである。

注

（1）　澄禅『四国辺路日記』は小松勝記『四國邊路日記并四國順拜大絵図』（岩本寺、平成二二年十月）参照。

（2）　真念『四国辺路道指南』は伊予史談会編『四国遍路記集』（伊予史談会、昭和五六年八月）参照。

（3）周英「四国偏礼絵図」は個人蔵本参照。
（4）『空性法師納経帳』は小松勝記『四国辺路研究叢書第三号・寶永～正徳年間の納經帳』（四国辺路研究会、平成一六年四月）参照。
（5）『丹下弥右衛門納経帳』は前掲注（4）、小松勝記『四国辺路研究叢書第三号・寶永～正徳年間の納經帳』参照。
（6）『松山屋清兵衛納経帳』は小松勝記『四国辺路研究叢書四号・寶暦年間の納經帳と四国偏禮繪圖』（四国辺路研究会、平成一六年八月）参照。
（7）『佐伯宣由納経帳』は香川県立ミュージアム蔵、佐伯家文書参照。
（8）『佐伯民治納経帳』は香川県立ミュージアム蔵、佐伯家文書参照。
（9）『作州・要助納経帳』は岡山県勝北町歴史民俗資料館蔵（小松勝記・岡村庄三『四国辺路研究叢書第壱号・「資料集安永九年納経帳」』を転載した稲田道彦『四国遍路の納經帳資料集』（香川大学瀬戸内圏研究センター、平成二九年三月）七～八頁）を参照。
（10）『某国・上田藤次郎納経帳』は前山おへんろ交流サロン蔵（前掲注（9）稲田道彦『四国遍路納經帳資料集』）を参照。
（11）『近江・住人納経帳』（個人蔵）参照。
（12）『紀州・喜兵衛納経帳』（個人蔵）参照。
（13）『丹後・與四郎納経帳』（個人蔵）参照。
（14）『伊予・吉太郎納経帳』（個人蔵）参照。
（15）『讃岐・某人納経帳』（個人蔵）参照。
（16）『讃岐国名勝図会』（『日本名所風俗図会・四国の巻』（角川書店、昭和五六年一二月）一四〇～一四一頁参照。
（17）佐伯藤兵衛『四国辺路万覚日記』は『香川県史・第九巻・近世史料一』（『香川県、昭和六二年二月）参照。
（18）玉井元之進『四国中諸日記』は喜代吉榮徳『四国辺路研究』第一二号（海王舎、平成九年八月）参照。

(19)『四国遍礼名所図会』は小松勝記『四國遍禮名所圖會并近代の御影・霊場写真』(金剛頂寺、平成二六年三月)参照。

(20)新延氏『四国順禮道中記録』は喜代吉榮徳『四国辺路研究』第三号(海王舎、平成六年八月)参照。

(21)佐治氏『四国日記』は胡光「九州からの四国遍路」(『平成二十五年度、四国遍路と世界の巡礼』「巡礼と「道中日記」の諸相」、愛媛大学「四国遍路と世界の巡礼」研究会、平成二六年三月)参照。

(22)内田九州男「近世における四国諸藩の遍路統制」(『第一回四国地域史研究大会、公開シンポジウム・研究集会プロシーディングス』、平成九年三月)。井上淳「江戸時代の遍路統制」(愛媛大学四国遍路・世界の巡礼センター編『四国遍路の世界』、筑摩書房、令和二年四月)。

(23)東かがわ市歴史民俗資料館編『阿波街道〜讃岐と阿波を結ぶ道〜』特別展図録(東かがわ市歴史民俗資料館、平成一九年一月)に八八番大窪寺〜白鳥大神宮〜大坂峠〜三番金泉寺のコースが詳しく記されている。萩野憲司氏から資料の提供を頂いた。

第七章　四国霊場・月山と篠山考

はじめに

数多く残されている江戸時代の納経帳を詳しくみると、土佐の三八番金剛福寺の次に、「守月山、月光院（月山）」、さらに三九番延光寺の次に「笹山三所大権現（篠山）」の納経が散見される。この月山と篠山は澄禅『四国辺路日記』に詳しく記されているものの、真念『四国辺路道指南』では、八十八ケ所には含まれておらず、簡単な記述のみである。しかし四国を巡った遍路者が記した日記や納経帳などから推察して、この二つの霊場は「オツキ（月山）」、「ヲササ（篠山）」と俗称され、数を重ねたベテランの遍路者には、よく知られた存在であったと見られる。おそらく真念以前、つまり中世末から江戸時代初期には、四国辺路の中で、重要な札納め所であったに違いない。しかし八十八ケ所霊場に、名を連ねることがなかったため、現在では、ほとんど忘れられた霊場となってしまった。本論では、かつて数多くの四国を巡る修行者が参拝したであろう月山と篠山について、その歴史と四国遍路との関わりなどについて考察するものである。

一、月山

1　『土佐国幡多郡守月山略縁起』[1]（月山神社蔵）

月山神社は高知県幡多郡大月町才角に所在している。かつては土佐藩主山内忠義侯も参詣し、庇護した四国辺路の重要な修行地、札納めの霊場であったとみられる。さらに澄禅『四国辺路日記』や寂本『四国徧礼霊場記』には、月山のことがかなり詳しく記されているが、その実態はなかなか明確にしがたいものがある。まず現在、月山神社に所蔵されている『土佐国幡多郡守月山略縁起』を『大月町史』[2]などを参考にして要約する。

はじめに記されるのは、月山は南海第一の霊山で船の渡海を守護するという。そして持統天皇の頃、月山は人跡未踏の深山幽谷であったが、役の行者が紀州熊野山から土佐に巡行した時、この山の繁茂するのを刈り明け、月の御影の自然石を掘り出して、これを神体として月弓神を祭った。その後、役の行者は九州の彦山に登る。

弘仁七年に空海が高野山を開いた時、この山が大きく動揺し、海も山も崩れるかと思われた。麓にある寺の僧が山に登ってみると八寸四面六方黒石があり、これは日・月・星の三光が具り、光輝いて四方を照らした。山が震動したのはこれであると、僧は思い再び読経をすると、山神が現れて、告げて曰く、「これ天より下し三光石なり、神冥明道皆本地あり、如意輪・観音・勢至・大日あり、大日は日天・如意輪は月天の本地、勢至は星の本地。二光の時は勢至は月天、観音は日天である。ここに安置して朝昏に怠り無く祈念してこの山を守護し、長く人民の為にたらしむべし」と云って消え去った。その後、その僧はこれを守った。

天長元年に弘法大師が土佐に来錫し、蹉跎山金剛福寺を大師が再建しその後、この山に巡向せられ、尊位の前で三七日（二十一日間）の月日待の修法を行うと不思議にも御影石に月輪が来降して光輝き大師はおおいに喜び、ここに大師が自ら勢至菩薩の尊像を建立し給いて霊場の掟に定め、山を守月山と名付け、寺を月光院南照寺と号した。天承以前までは清僧が寺務していたが、その後は修験が守護するところとなった。（図1・2）

その後、三光石は先年の大変により、沈んでしまったが、月輪石は現存して海上守護している。本地（勢至菩薩）の両脇には、福を与える毘沙門天と悪事退散の不動明王が立たせている。月輪石の外には大盥、小盥の岩がある。谷の内に産盥が有って子安の岩という。天燈が下って龍燈上る岩が左右にある。龍王の社は山の後ろにあり、座禅石が有って雨花岩という。西行が潮見した岩あり、西行の歌に「土佐の海に浮かべるもの影清く下化衆生の相をあらわす」と詠めば「古の月のやどり思へ唯、上求菩提は我のみぞ知る」と返歌があったという。

応仁の乱の時、一條前関白教房公と二男の中納言房家卿と共に土佐の幡多郡に下向の砌、当山に御参詣され、「西東出入る月の山、爰に露の住家は我のみぞ知る」と歌を残された。駒繋ぎの松はこの時のものである。麓に御手洗川が有り、垢離取清水で、弘法大師加持水とも云う。弘法大師御染筆の六字の名号の版木が有り、また大明国焼きの花瓶があり、一條家の御寄付である。千丈か嶽は、それぞれ昔の行場であったが、大変の時に半分崩れ、今はその跡のみ残り、荒廃しているが、月の御利生は日々に新たなりという。

図１　月山神社・御神体

図２　勢至菩薩像
（月山神社蔵）

以上が略縁起の内容である。この略縁起は享保七年（一七二二）に再書写されたとみられるので、原本はさらに古い時代に作られたと考えられる。

2　月山の歴史

さて、ここで『大月町史』など[3]を全面的に参考として、月山の歴史的な変遷を各資料からみることにする。

①『土佐国旧事記大集下』[4]（天正元年・一五七三）

（前略）御月崎自然石ノ月ヲ見テ大師堂に立寄見給へは堂ノ腰板ニ二首ノ歌アリ「我心まことの道に入ならば祈る願の叶はざらめや、西東出入り月の山々のついの住家や心なるらん」是一條権納言房冬卿の詠ニシテ自筆ニ書給フト云、寺ニ入て弘法大師の名号を梓にチリハメ給フ、文字ノ内皆仏像也。名号ノ左右ニ勢至観音ノ像アリ。則紙ニ写サセテ御覧セラル。（以下略）

②『長宗我部地検帳』[5]（天正十七年・一五八九）十二月二十五日

永谷新開

一所壱反拾三代　下　御□田　守月庵領

（中略）

月宮殿ノ外

一所七代　下々畠　守月庵領

同し寺中

一所廿五代　下ヤシキ　　同し
同し寺中
一所弐代　月弓殿統田官床　　同し
同し外三代懸テ
一所廿代四分　下々畠　　同し
四分荒
内
廿代作目

③　澄禅『四国辺路日記』[6]（承応二年・一六五三）

坂ヲ上リテ浜ヲ下リ〱テ御月山ニ至ル。御月山ハ、樹木生茂リタル深谷ヲ二町斗分入テ其奥ニ巌石ノ重タル山在リ、山頭ニ半月形ノ七尺ノ石有、是其仏像ナリ、誠ニ人間ノ作タル様ナル自然石也。御前ニ二間ニ三間ノ拝殿在リ。下ニ寺有、妻帯ノ山伏ナリ住持ス、千手院ト云。当山内山永久寺同行ト云。此寺ニ一宿ス。

④　寂本『四国徧礼霊場記』[7]（元禄二年・一六八九）

月山
此月石むかし媛の井といふ所にありしを、一化人ありて、此所に移し置けるに、次第に大きくなりてさまざま霊瑞あるにより、人みな祈求せる事あれば、応ぜずという事なし。媛の井の所の人は精進せざれども参詣す。余所の人はかたく精進せざればかならずあしゝ、といふ。

⑤『土佐州郡志下』[8]（宝永四年～享保七年）

月山守月庵

此浦西去十八町許、有石如初三之月之状、昔人建堂宇、為天火所焼如是再三、今無堂旧礎尚存、前作小堂、僧月光院住持其側。

⑥『南路志』[9]（文化十年・一八一三）

月宮殿 月山 祭礼正・五・九月廿三日 別當月光院

月光石長五尺ニ一尺八寸 ○勢至堂木像長八寸開基行基 ○龍王宮木形長八寸祭二月一六日 ○弘法大師木像長一尺 ○阿弥陀名号板木一枚弘法大師之筆

○一條房家公自筆詠歌一幅《枚イ》西東出入る月の山こゝにつひのすミかや心なるらん ○産盥石《ウブダラヒ》 ○鎌一挺月光院代ゝ相傳也。行基菩薩當山開基之節、空中より降来由言傳。則此鎌を以刈開月光菩薩勧請。

○或記云 月山 自然の朏形《ミカツキ》の白石右大左小巖上に在す。誠に神代の神造にして希代の霊石也。里人云、昔 忠義公此地ニ本堂新に御建立有しかとも、両度まて火災にかゝり、其後ハ御造営も止りける。○土佐一覧記云 此山天然朏形白石為本尊、月山とて人ゝ仰拝し侍る。一條房家卿、此寺の持佛堂の扉に、二首の歌を自筆にかゝせられ今に残りぬ。

（二首の詠歌は略）

⑦別当・南照寺の歴代の住職[10]

中興第一世・宗道法印（寛永二年十二月二十一日寂）

二世・観道法印（延宝五年十月十七日寂）

三世・観光法印（宝永四年十月十四日寂）
四世・慶学法印（享保十年二月廿一日寂）[11]
五世・龍快法印（享保十八年正月七日寂）
六世・教学法印（明和七年三月廿一日寂）
（以下略）

以上が、現在筆者の知る月山に関する歴史的な資料である。これらを元にして、南照寺と合わせ、その歴史を考えることとしたい。まず、もっとも古い天正元年（一五七三）の『土佐国旧事記大集下』にみられるように、長宗我部元親が幡多郡を平定したあと、月山に立ち寄り、三日月の石のご神体を拝み、大師堂の腰板に記された権納言一條房冬卿の歌を拝見し、さらに弘法大師自筆の六字名号の版木があり、それを紙に摺って拝見したというのである。ここには弘法大師信仰と念仏信仰が混在しているように思うが、特に、弘法大師自筆の六字名号を版木にしているというのは留意しなければならない。つまり、そこには高野山における時衆化された高野聖に結びつくからである。では、このころ月山に住していたのは、だれであろうか。「守月家家普」[12]をみると南照寺中興の宗道法印が想起されるが、寛永二年（一六二五）にすでに寂している。天正元年から五十年余の後であり、可能性がないわけではないが、少し無理があろうか。

その後、天正十七年（一五八九）の『土佐国幡多郡佐井津野村地検帳之事』では守月庵領として確認される。御月村の中で、どの程度の割合を占めていたのかはわかりづらいが、かなりの部分が守月庵領とみられている。規模は分からないが、「守月庵」という文言からして、小さな庵が建てられていたのであろう。それは月山の初期の存在であったと考えられ、それが徐々に発展していたことが推察される。

その後は『南路志』によれば「忠義公この地に本堂を新にご建立有しかととも両度までも火災にかかり、その後は御造営も止まりける」とあるように、山内忠義公がここに新たに本堂を二度までも建立したという。忠義の治政は慶長十年（一六〇五）から明暦二年（一六五六）までであることから、この時期には、さらに規模が拡大されたとみられる。ただ二度の火災がいつであったかは明らかではない。

承応二年（一六五三）の澄禅『四国辺路日記』には、月石の前に二間三間の拝殿があり、その下の寺には内山永久寺に属す、妻帯した千手院という山伏が住持していたというのである。内山永久寺は当山派十二先達のひとつである。どのような理由で、山伏が月山に住するようになったのか興味深いが、澄禅『四国辺路日記』の中には、退転した札所寺院に山伏や法師などが住居している例が散見される。おそらく月山もそうした状況下にあったのであろう。

寂本『四国偏礼霊場記』（元禄二年―一六八九）には、境内図が掲載されているが、ご神体の三ケ月の石のすぐ下に大師堂があり、その下には「寺」と記されている建物がみられる。そして『土佐州郡志下』（宝永四年～享保七年）には、再三の火災で今は堂もなく古い礎石が残り、小堂があり、その側には僧の月光院が住していると記している。

これらからみると、澄禅の時代には、すでに火災にかかり、忠義公が建立したという本堂はすでに無く、小さな庵らしきものが存在したとみられる。おそらく、それが江戸時代前～中期ころの月山の様子であろう。なお澄禅『四国辺路日記』に記されている拝殿が寂本『四国偏礼霊場記』には、みられない。

以上のことから推察して、当初のことは明確ではないが、『守月山略縁起』に「役の行者が紀州熊野山より、この山を刈り開け月の御影の自然石を掘りだし神体として月弓神を祭る」とあることから熊野信仰に関わることのように見える。その後、弘法大師が当地を訪れて三七日の間、月日待の御修法をなすと御影石に月輪が来臨し、大師自ら勢至菩薩を建立し、守月山月光院南照寺と号したという。そして弘法大師真筆の六字名号（南無阿弥陀仏）の版木の存在などが記される縁起や『長宗我部地検帳』などを考慮すれば、天正ころには時衆系高野聖のような念仏聖がこの寺を守っていたのであろうか。やがて火災により焼失したことから、寺が荒廃するとともに、当山派山伏の千手院が住むようになったとみられる。しかし澄禅『四国辺路日記』にみるように、四国辺路の横道（堂）として篠山とともに、重要な参拝地であったことは間違いない。現在残されている納経帳の中に、月山の納経が数多くみられるのも、その証左といえよう。残念ながら真念『四国辺路道指南』を作る段階で規模がかなり縮小し、その為に真念『道指南』に詳しく記されることがなかったのであろう。

二、篠山

１　篠山の歴史

篠山は愛媛と高知の県境に位置し、標高一〇六四・六メートルの高山である。その頂上に、かつて篠山権現が存在し、多くの信仰を集め、先記の月山とともに四国辺路の重要な札納めの霊場であった。その後、明治時代初期の神仏分離により、現在は笹山神社となっている。

まず笹山について、現存資料などからその歴史についてみてみよう。

①『宇和旧記』[13]

彼山の腰を引廻したる道筋あり、此道より上を蓮華座という。頂上に矢筈池有、麓に拂川とて垢離取川あり、但三ケ所より参詣の道あり何れも払川あり。権現堂、天狗堂、鐘撞堂、辺路屋、観世音寺と云寺あり、正木村の方へ降り一の王子と云ふ堂あり。

②澄禅『四国辺路日記』[14]（承応二年・一六五三）

御篠山ヘカカレバ爰ニ何モ荷俵ヲ置テヲササエ往、是ヨリ二里也。

③真念『四国辺路道指南』[15]（貞享四年・一六八七）

次にさゝ山越、くハんじざいよりひろミ村へもどり、○いたお村○まさき村、この村庄家代々とざさぬなり。ありがたきいわれ有、たづねらるべし。○はらい川、垢離してさゝやまへかくる。篠山観世音寺、本尊十一面立像五尺。○寺より三町西に天狗堂。其上三所権現、此所に札おさむ。○矢はづの池、中に恠異の石有、池のまわりにさゝ竹有、夜ことに竜馬きたりてはむよし。諸病によしとて諸人もちさる。馬のやむに猶よしといひつたふ。

④寂本『四国徧礼霊場記』[16]（元禄二年・一六八九）

篠山観世音寺

此山、南は蒼海漫々として天水つらなり、東は高山かさなり、雲常に起り、西は千嶺めぐり、九州目下に見ゆ、坂をのぼる事壱里也。大師のひらき玉ふと也。寺を観世音寺と名く、本尊十一面長五尺。山上は三所権現といふ也、熊峰の神にや。わきに池あり、中に矢筈の形なる岩あり、まわりにささ竹繁し。霊異の事をいひ、諸病に用ゆ。皆験ありといふ。別して馬のやむによし。此所札所の数とせずといへども皆往詣する霊境なり。

以上の四例をあげたが、その中でもっとも分かりやすいのが寂本『四国偏礼霊場記』である、これには境内図が掲載されており、江戸時代前期の元禄時代ころの様子が判明するのは有り難い。まず、鳥居をくぐれば一の王子がある。そこから坂を登ると平地があり、そこに観世音寺と記され、三棟の建物がみられる。その傍らには辺路屋の建物がある。そしてさらに登ると右手に天狗堂、ついで鳥居があり、頂上には権現とあって、これが本社とみられる。権現の近くに矢筈の池がみられ、竹・笹が生い茂っている。権現とは熊野権現のことであることは『四国偏礼霊場記』に「山上は三所権現という、熊峰の神にや」とあることから、熊野三所権現であることが分かる。そして別当・観世音寺は頂上から少し下の位置にあり、本尊が十一面観音で像高が五尺であるという。

さらに詳しくみてみよう。時代がやや遡るが、『蕨岡家文書』[17]（明暦年間）をみると「篠山大権現之神体ハ弥陀薬師観音にて春日之御作観世音寺之本尊ハ十一面観音にて行基菩薩之御作ト申伝候」とあり、笹山大権現の神体は阿弥陀・薬師・観音であるという。つまり熊野三所の本地仏が御神体とみられるが、熊野三所の本地仏とは、本宮（証誠殿）―阿弥陀如来、新宮（早玉）―薬師如来、那智（結宮）―千手観音である。そして観世音寺の本尊は先に記した十一面観音で、行基菩薩の作としているが、もちろん伝承の類とみられる。熊野権現や天狗堂の存在から、熊野修験に関わる寺院であったと見てよかろう。さらに興味深いのは山の中腹に「辺路屋」が建立されていることである。このことから、篠山が四国遍路の札納め所であったことがよく分かる。なお山の頂上付近には矢筈の形をした岩があり、その周辺には、笹が生い茂っている。この笹は諸病に効能があり、多くの人が持ち帰るが、特に馬の病気にはよいと『四国辺路道指南』に記されている。

2 『都築家文書』にみる笹山の予・土紛争

さて、この篠山権現については土佐藩と伊予宇和島藩との間で境界をめぐって激しい争いがあったことは、周知のとおりである[18]。その発端のひとつとなったのが『都築家文書』[19]にみられる。『宿毛市史』などを参考に検討したい。

承応三年夏の頃五台山之宥厳上人四国順拝之時、笹山に一宿住持江御尋候は、当寺は土佐領か伊予領かと御座候由聞候、上人被仰候は国境之儀建立被成候へ、拙僧辺路仕廻候節高知江御出ニ而大殿江得御意御建立被仰付候様ニ取次可申必可罷出候様、罷出五台山上人を頼差上御目見仕候而堂寺建立可被仰付と御座候而帰寺被致候（後略）。

とあって、承応三年（一六五四）の頃、五台山竹林寺の宥厳上人が四国順拝のおり、篠山に一宿した時、篠山の住持に、ここは土佐領か伊予領かと尋ねたところ、土佐領であると返答した。これを聞いて宥厳上人は大殿（山内忠義）に修理を依頼し、建立が進められた。そのことを伊予・宇和島藩が聞きつけ、篠山は元々は宇和島藩であると主張して、争論となった[20]。右余曲折はあったものの、万治二年（一六五九）十一月十五日に、次のような裁定[21]が行われた。

覚

一、笹権現堂弥山伊予土佐両国可有御用候依断此上神主従土州別当ハ従豫州可有御居候此外法式可為如先規之事
一、予州之内正木村庄屋助之丞儀自往古代々笹権現由緒有之由大檀那可為頭人事
一、西小河平傍示境迄土佐領江此為代地東小河平之内ニ而右之坪数宇和島領江可有御渡之事
右今度土州領宇和島境目出入ニ付美作守より出羽守江頼入被致相談扱ヲ以如斯相済申者也
万治弐年紀十一月十五日

松平出羽守内　伊藤弥兵衛
同　塩見小兵衛
松平美作守内　戸塚助太夫

伊達大膳太夫様御内
鈴木仲右衛門殿
伊藤与左衛門殿
松平土佐守様御内
野中伯耆殿
淡輪四郎兵衛殿

これにより、篠山の頂上弥山については土佐・伊予宇和島の両方の支配としたのである。その後、寛文十年（一六七〇）に笹山の諸堂宇の建立が行われた。主なものは権現堂、同拝殿、天狗堂、辺路屋、鐘突堂、一の王子堂、観音堂であるが両方の支配であるので、これらの堂宇の建立などについては籤によって次のように決められた[22]。

土佐国分

一、観音堂　但し三間四面、三つ堂作り、高さ一丈弐尺、大間六尺三寸、屋根小曽木葺也、御拝殿は大間分にあり、

一、一の王子堂　但し弐間四方、向は三間にわり有之

一、鐘撞堂　但し壱丈四方、二重にして下は門なり

一、辺路屋、但弐間に四間

一、観音堂と寺との間の廊下弐間四方、

一方の宇和島藩分

一、権現堂　但三軒宮ながし作、三ツ堂構、大間四尺二寸、屋根小曽木葺也

一、同拝殿　但弐間に参間、高さ八尺五寸、屋根小曽木葺、四方屋根作也

一、天狗堂　但弐間四方、高八尺五寸、ひじき作、屋根は方形、棟ふくばち小曽木葺也、但大間音拝付きざはしあり

一、寺　但四間に十間、板葺なり、ひさし一間に八間分あり、

一、寺前石垣　長さ二十三間折廻し、高さ、くりの下八間、中にて六間、辺路屋の下四間

以上のようであるが、これらの建物が、先述した『四国徧礼霊場記』の図に相当するものとみられる。確かに一の王子には小さな建物がみられる。辺路屋も細長く二間に四間とみてよい。また権現堂も三間社の流れ造りで、寛文十年に建立されたものとみてよかろう。この時期として辺路屋の存在がまことに興味深い。すでに多くの辺路者がここに参拝していたことを証するものと考えられるからである。

次に江戸時代、明暦・寛文時代よりも、さらに古い中世の遺品である二口の鰐口についてみてみよう。[23]

篠山観世音寺鰐口銘（歓喜光寺蔵）
与州御庄之篠山観世音寺鰐口宗□置之
寛正七年丙戌二月十八日

篠山権現堂鰐口銘
与州御庄之篠山大権現宝前、
寛正七年丙戌二月十八日宗祐置之

とあって、観世音寺と権現堂の両方に懸けられていた二箇の鰐口は現在、観世音寺のものは歓喜光寺に残されている。権現堂の鰐口は江戸時代に宇和島の伊達家が持ち帰ったという（『宇和旧記』[24]）。

以上、篠山権現の歴史的な変遷を元禄から寛文、明暦、寛正と逆にみてきたが、これにより室町時代中期ころまでの様子が、おぼろげながら判明する。なお「篠山観世音寺撞鐘之銘写」には「与州観自在寺御庄　篠山観世音寺　當住也　正長二天□十月十八日敬白」（『一本松町史』一九八頁）とあり、室町時代前期の正長二年（一四二九）銘が知られる。後世の写しであるので、直ちにこれを信じることは差し控えなければならないが、その可能性は十分にあると考えている。

以上のように、篠山権現や観世音寺の創建は明確にできないけれども、遺品からは室町時代前期ころまで遡らせることができる。おそらく熊野信仰に基づく熊野三所権現が、そのはじまりであろう。その後は篠山権現と観世音寺（神宮寺）という神仏混淆の中で、大いに隆盛をみたものと思う。それが江戸時代に至っても土佐・伊予の両国からの厚い信仰に支えられていたことは容易に推察される。いつ頃からかは分からないが、四国辺路の札納めの霊場としても顕在化してくるが、その時期や位置づけは難しい。

3　四国辺路と『蕨岡家文書』

次に四国辺路についてみてみよう。『蕨岡家文書』の中に次のような文書（写）がある。(25)

篠山大権現為再興金子十両残置候条早々建立尤ニ候　以上

高野山上生院

融誉（花押）

寛永十四年四月十三日

観世音寺
正木村
太郎左衛門

寛永十四年（一六三七）に、高野山の上生院の融誉という僧が、四国辺路の途中に篠山を参拝した時、篠山の再興資金として金子十両を寄進したというのである。高野山の上生院は現在は廃寺となっているが、かつては南谷にあったらしい。おそらく聖方、あるいは行人方に属した寺院であったとみられるが、融誉という僧名にも関心を持たざるをえない。つまり「誉」という係字には浄土系の僧が多く、念仏聖と見られるからで、あるいは時衆系高野聖の範疇に入るかもしれない。あるいは行人僧（山伏）の可能性もあろう。高野山から四国辺路を修行した僧侶として銘記しておきたいが、金子十両も寄捨する、経済的に裕福な僧侶の存在には留意したい。続いて『蕨岡家文書』(26)の四国辺路関係には次のものがあげられる。

四国辺路弘法大師御掟之由にて一国切ニ札を納候にも、土州寺山寺を仕舞、其より与州へ入、宇和御庄之観自在寺ニ札を納、二番目ニ篠山へ登り、観世音寺へ札を納、其より次第に納通申事。

とあり、四国辺路は弘法大師の掟により一国ごとに札を納めるという。土佐は寺山院（延光寺）で終わり、伊予は観自在寺にはじまり、ついで篠山観世音寺に札納めするという。

さらに『蕨岡家文書』の「明暦三年正木村庄屋助之丞槙川村庄屋宇兵衛篠山老僧正善言上書江戸奉行所へ差上

ル書付[27]」には

諸国より四国辺路仕者、弘法大師之掟を以、阿波之国鶴林寺より日記ヲ受、本堂横堂一国切ニ札ヲ納申也、依之土佐之国分ハ寺山寺ニテ札ヲ仕廻、伊予之国へ入宇和之郡ニ而御庄平城村観自在寺より札初、次ニ篠山へ札を打、其より津島万願寺へ札納通申御事（後略）

ここでは、諸国からの四国辺路は弘法大師の掟によって阿波の鶴林寺で日記を受けて、本堂、横堂を一国ごとに札納めをするという。ここにいう本堂と横堂とは何を意味するのであろうか。そして、ここでも一国ごとに札所の数え方に始めと終わりがあるとしている。そして先述のように伊予では観自在寺から篠山へ、そして満願寺にも札を納めるという。次に明暦三年の『蕨岡家文書[28]』には

扨又四国辺路と申四国を廻リ候節、弘法大師之掟にて、一国切に札を納申候、土佐之国を仕舞、伊予へ入壹番ニ御庄観自在寺にて札初仕、二番ニ篠山へ札納、次第〳〵ニ伊予分を札納申候御事、諸国之者共も慥に存候、定て江戸などにも四国辺路仕候衆可有御座と奉存候（後略）

ここにも「弘法大師の掟」がみられる。そして伊予では観自在寺から篠山に順次、札納めをするという。このことは江戸でも四国辺路を行う者がいると記している。さて頻出する「弘法大師の掟」とは、何を意味するのであろうか。澄禅『四国辺路日記』の中で、しばしば記されている『世間流布ノ日記』かも知れない。

次に『都築家文書』「篠御論之節双方証拠写し」の篠山土州之分の証拠之事[29]（万治二〜三年頃か）「篠山月崎一体之横堂、遠国之者と辺路ハ慥に存候、四国ニ横堂在之といへ共一体例無之者也」とあって、篠山と月崎（月山）が一体の横堂であることは遠国の者も辺路も存じており、四国に横堂はあるが、一体のものは他にはないという。本堂に対して横堂が対比してみられるが、月山も篠山も横堂との認識である。興味深いのは、真念『四国辺路道指南』にも松山周辺の五一番石手寺と五二番太山寺の間に、「たに村、此所にむろおかやまとてよこ堂、本尊薬師、諸辺路札打也」が、確認できる。以上のことから、本堂とは「八十八ケ所」、の寺院、横堂とはそれに付随して巡る番外札所のことを意味するのであろうか。まだ結論は出ない。

三、納経帳と遍路日記に見る月山と篠山

1　納経帳にみる月山と篠山

先記したように現存する江戸時代の納経帳をみると「月山」と「篠山」の納経がかなり確認[30]されるので、まずその実態について時代順に記すことにしたい。

年号	国	月山・篠山	記載文
①宝永八年（一七一一）	空性法師	月山	奉納普門品　一巻　本尊勢至菩薩　土州幡多郡月山　月光院
		篠山	——

②宝暦二年（一七八五）	羽州住人	月山	―
		篠山	奉納霊場伽藍　本尊十一面観世音菩薩　弥山篠三所大権現 土豫両州境笹山　観世音寺
③寛政二年（一七九〇）	不明	月山	奉納　土州　守月山　本尊勢至菩薩　月光院
		篠山	―
④寛政四年（一七九二）	阿波	月山	―
		篠山	奉納土與両国堺　本堂十一面観世音　篠山三所大権現　篠山観世音寺
⑤寛政五年（一七九三）	阿波	月山	奉納経　本尊勢至菩薩　土佐国守月山　月光院
		篠山	奉納経　土豫国境　弥山篠大権現宝前いよ国篠山観世音精舎
⑥文化五年（一八〇八）	土佐	月山	―
		篠山	（版）奉納経土豫境　篠三所大権現宝前　別當観世音寺
⑦文政三年（一八二〇）	江州	月山	―
		篠山	（版）奉納経土豫境　篠三所大権現宝前　別當観世音寺（図3）
⑧文政五年（一八二二）	不明	月山	奉納　本尊勢至菩薩　土佐　守月山　南照寺
		篠山	―
⑨文政十年（一八二七）	紀州	月山	―
		篠山	（版）奉納経土与□国境　本尊十一面観音大士宝前　弥山　篠三處大権 現宝前　別當蓮華院　□□
⑩嘉永五年（一八五二）	不明	月山	奉納経　本尊勢至菩薩　守月山　南照寺（図4）
		篠山	―
⑪嘉永五年（一八五二）	予州	月山	―
		篠山	奉納　篠三社宮　□□

以上、十例ほどをみたが、興味深いのは、寛政五年（一七九三）を除き、月山か篠山かのいずれかであることが分かる。真念『道指南』[31]には、月山・篠山について、次のように記されている。

此村に真念庵といふ大師堂、遍路にやどをかす。これよりあしずりへ七里。但さゝやまへかけるときハ、此庵に荷物をおき、あしずりよりもどる。月さんへかけるときハ荷物もち行。初遍路ハささやまへかへるといひつたふ。

とあり、初遍路は篠山に行くことが、古くからの習わしであると記しており、両山のいずれかに参拝する風習の歴史が窺える。ここで稲田道彦氏の『四国遍路の納經帳資料集』[32]を参考として江戸時代の月山・篠山の納経帳を確認したい。

月山　宝永七年（一七一〇）・寛政二年（一七九〇）・文化十四年（一八〇七）・文政二年（一八一九）・文政四年（一八二一）・文政十一年（一八二八）・文政十三年（一八三〇）・天保十年（一八三九）・天保十二年（一八四一）・嘉永二年（一八四九）・嘉永三年（一八五〇）

篠山　正徳四年（一七一四）・寛政四年（一七九二）・寛政六年（一七九四）・文化五年（一八〇八）・文政三年（一八二〇）・文政五年（一八二二）・文政六年（一八二三）・文政八年（一八二五）・文政十三年（一八三〇）・天保二年（一八三一）・天保六年（一八三五）・天保六年（一八三五）・

天保十四年（一八四三）・弘化二年（一八四五）・弘化四年（一八四七）・嘉永三年（一八五〇）・
嘉永七年（一八五四）

月山・篠山　寛政五年（一七九三）

無　安永九年（一七七九）・天明六年（一七八六）・寛政二年（一七九〇）・寛政二二年（一七九〇）・
寛政十年（一七九八）・寛政十三年（一八〇一）・享和三年（一八〇三）・文化二年（一八〇五）・
文化七年（一八一〇）・文政七年（一八二四）・天保三年（一八三二）・天保四年（一八三三）・
天保六年（一八三五）・天保六年（一八三五）・天保十一年（一八四〇）・天保十三年（一八四二）・
嘉永三年（一八五〇）・嘉永四年（一八五一）

以上、月山のみが十一例、篠山のみが十七例、月山・篠山の両方が一例、納経無が十八例の合わせて四十七例である。道中の厳しさを伴う月山は篠山に比べて数少なく、またいずれにも納経しない例も約四割を占めている。月山と篠山の両方に納経する例は一例と、ごく限られており興味深い。なお参考に筆者所蔵の江戸時代の納経帳では月山は無、篠山は八例、納経無は五例である。以上のことから『淡輪記』の「月崎を打候へハ篠山を不打、篠山を打候へハ月崎を打不申候」（小松勝記『四國ヘンロとは』冨士書房、令和二年三月）とあるように、月山か篠山のいずれかに札打ちすることが、ごく一部を除き一般化していたことが判明するのも興味深い。

２　遍路日記にみる月山と篠山

四国遍路に伴う道中日記、いわゆる遍路日記に綴られた月山と篠山をみてみる。

①延享四年（一七四七）『四国辺路中万覚日記』[33]　讃岐・佐伯藤兵衛

一、同廿九日（前略）観自在寺御札納、笹山ふもと正木村立性院殿ニ一宿、はり五本置

一、四月朔日、日和能、篠山御札納、

とあり、観自在寺を出て、笹山の麓で一宿した後に篠山権現に札納めをしたことが記されるが、記述は簡単で詳しくは分からない。

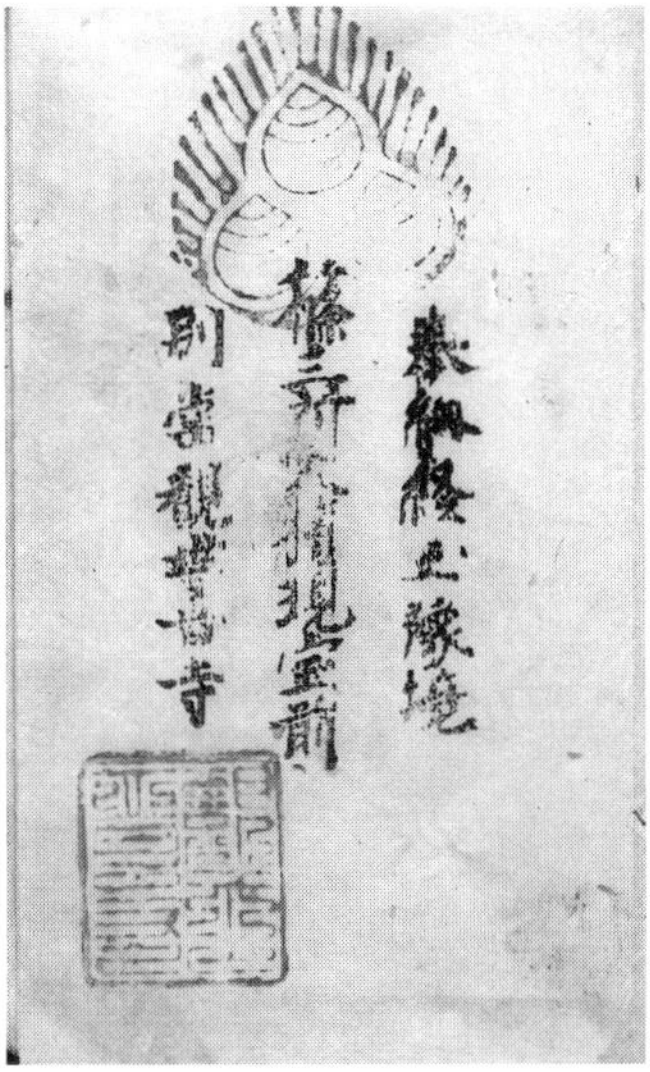

図３　文政３年納経帳（個人蔵）
篠山・観世音寺

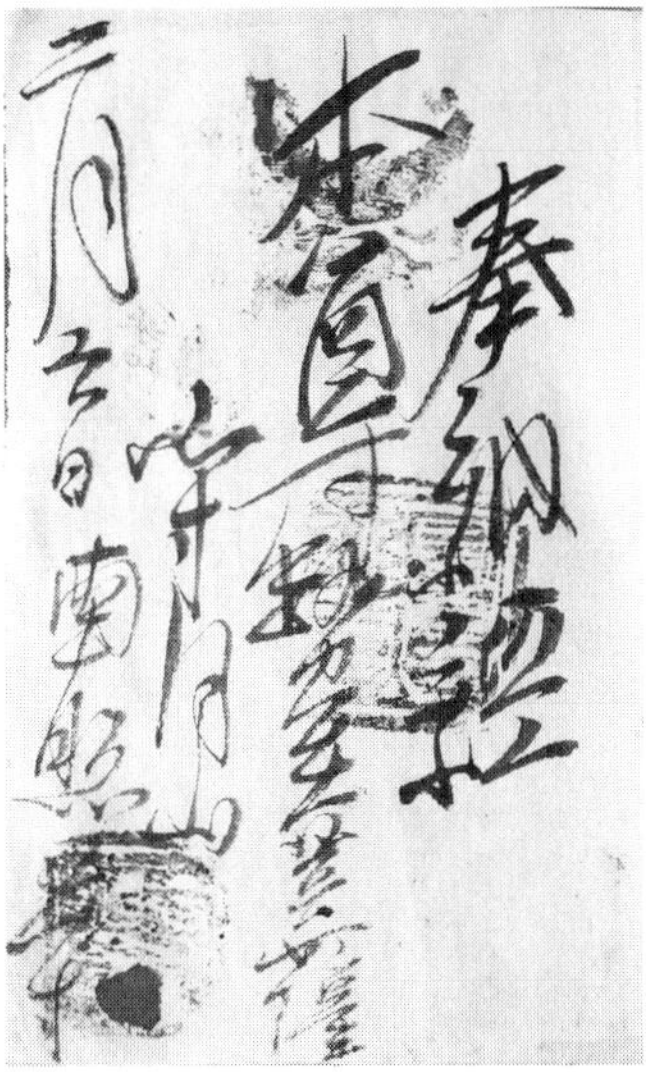

図４　嘉永５年納経帳（個人蔵）
月山・守月山南照寺

②寛政十二年（一八〇〇）『四国遍礼名所図会』(34) 阿波・九皋主人
廿四日天キ吉出たつ少し行く、雨戸無シの庄屋大庄屋也篠山権現の御利生ニ依而盗賊此家へ不入雨戸の障子也祓川。是よりおさゝ迄五拾丁坂也。四拾丁程上り、一字権現社。
笹山観世音寺　本堂十一面観音　脇士薬師如来　地蔵大菩薩。方丈是にて支度門本堂之にし方是ゟ奥院へ上る三丁也。天狗堂、熊野権現社、池社の裏ニ有、此所山頭也。雲に御するが如く篠一面にはへ、小き枯木ばかり也、不思議の山也。

観自在寺を終えたあとに篠山の参拝であるが、雨戸無しの庄屋とは蕨岡家のことである。観世音寺の参拝後に、本社の熊野権現社に行くが山頂には篠が一面に生えている情景を不思議の山也と記している。

③享和二年（一八〇二年）『四国遍路道中日記』(35) 紀州・平野作左衛門
二日
守月山　月光寺　御月石　しゆしやうの石也至而かんせいの地也。（後略）

とあり、簡単な記述であるが、閑静の地にあり、すでに四国遍路のコースから外れて、四国遍路の中での存在は希薄であったことが分かる。

④天保四年（一八三三）『四国順礼道中記』(36) 讃岐・新延氏
同十八日、天気
一、同所ゟ笹山へ登り麓ゟ五拾丁之由、札納夫ゟ三町斗登り権現宮へ参詣、社の辺ニ有之候笹少々土産ニ致候、夫ゟ祓川と申所御本社ゟ三十七町下り打抜ケ麓ニ而承り候者、当日ハ権現宮之春祭り之由申居候、誠ニ稀事ニ可有之候、登り格別之難所とも不存候へ共下りハ拾丁余斗下り、後ハ誠ニ小石道赤土ねバ道故、雨天之刻ハ難所ト被存候、（後略）

この日記では、足摺山を打ち戻り、月山へは向かわず、寺山から宇和島領に入り、篠山に参拝したことが分かる。「小石道、赤土、ねば道」の記述は、篠山がいかに難所であったかをもの語っている。

⑤弘化二年（一八四五）『佐治家文書・四国日記』[37]　佐治氏

同六日　清天

朝御笹山にかくる也、此所ゟ登り、五十三丁至而高山也、坂急にして中程ゟ先樹木茂く道ふせうの上木の葉落重り、さも物すごき御山也、先寺に参詣、爰にて御わけ、景色言語ニ不及、夫ゟ三丁登り奥の院熊野三所権現の社有り、後ニ池の跡有り下にも堂有り、此所にて土産の笹を受、夫ゟ下る坂三十七丁殊之外急坂也、川を渡り拂川村にて休ミ同行待合わせ、夫ゟ二十五丁行槙川村（後略）

とある。この日記も真念庵に荷物を預け、三八番足摺山（金剛福寺）に参詣後に打戻り、三九番延光寺、四〇番観自在寺を終えて篠山に参詣するコースを選んでいる。

以上、五点の日記について、月山コースと篠山コースについて簡単に記したが③を除き真念庵～三八番金剛福寺を経て観自在寺から、すべて笹山を辿るコースであることが分かる。つまり月山経由のコースは道の悪しきことと距離の長い難所であるとの認識であったものと思われる。

3　真念庵から南予の遍路道

四国遍路を巡行する遍路道は時代とともに、徐々に変化していく。これは札所地域の町の発展とともに道路整備が行われ、遍路がより安全でしかも近道を選ぶことになるであろう。そうした中で、真念庵～三八番金剛福寺、三九番延光寺、四〇番観自在寺、四一番龍光寺への遍路道も様々な道を選びながらの遍路行が行われた。さて真念『道指南』[38]に三つの道筋が記されているが、整理して記すとつぎのようになる

一すぢ、なだ道、
　　のり十三里
観自在寺、此間山路、たにあい。◯ながす◯する木◯かしわ、この間二里の坂。◯かミはだち◯しもはただ◯はらわら、あみだ堂有。やどかす。◯いわまつ◯いわぶち、満願寺。

一すぢ、中道大がだう越、
　　のり十三里
くわんじざいし。◯なが月◯大かんどう坂二里、◯さうず村、◯しやうかんどう坂三里◯ひでまつ村◯岩淵まんぐハんじ。

一すぢ、ささ山越、
　　のり十四里半
くハんじざいよりひろミ村へもどり、◯いたお村◯まさき村、この村の庄屋代々とざさぬなり。ありがたきいわれ有り、たづねらるべし。◯はらい川、垢離してささ山へかくる。篠山観世音寺（以下、中略）◯まき川村、ばんしょ有、切手あらたむ。大師堂あり、庄屋長右衛門やどかす。◯みうち村、庄屋伊左衛門やどかす、◯さんざい村◯岩淵村、満願寺（以下、略）。三すぢともに満願寺ニ至ル。

とあり、灘道、中道、笹山越の三つの道筋が記されている。月山コースを含め真念庵から満願寺[39]に至るコースを整理すると次のようになる。

1、真念庵→三八番金剛福寺→月山→三九番延光寺→四〇番観自在寺→満願寺→宇和島（月山道）

2、真念庵→金剛福寺（打ち戻り）→真念庵→三九番延光寺→四〇番観自在寺→篠山→満願寺→宇和島（篠山道）

3、真念庵→金剛福寺（打ち戻り）→真念庵→三九番延光寺→四〇番観自在寺→満願寺→宇和島（中道）

4、真念庵→金剛福寺（打ち戻り）→真念庵→三九番延光寺→四〇番観自在寺→満願寺→宇和島（灘道）

以上のように、四つのルートが考えられる。ただ月山コースは宿毛で金剛福寺の打ち戻りのコースと合流することになるので、観自在寺からは2、3、4のコースを辿ることになる。現存する二十三例の遍路日記を詳しく検討された井上淳氏(40)によれば、灘道が十一例、篠山道が十二例で、中道については皆無であることが報告されている。中道を通過しない理由として「明和六年の遍路統制令」では灘道と篠山道のみが宇和島藩の公認ルートで、中道は非公認の遍路道であったからという。

おわりに

札所と札所を結ぶ、遍路道は時代とともに様々の要因で変化していく。三百里に及ぶ、長い遍路道のうち、本論で考察した足摺～宇和島までのコースや本書第六章で記した大窪寺～阿波に向かうコースも遍路者の都合や道路の整備などにより、コースが選択された遍路道として興味深い。特に足摺～宇和島のコースは月山・篠山という番外の霊場が存在したため、遍路者によって、どちらを選択するかによって、コースが大きく異なることになる。この月山・篠山は古くからの札納め所として四国辺路の中で、重要な霊場であったが、真念『四国辺路道指南』の八十八ケ所に加わらなったことから、徐々にその存在が薄れ、参詣者が少なくなったことが判明する。現在ではほとんどの遍路者は、この二つの霊場に参拝することはない。

本論では、かつては極めて重要な四国辺路の札納め所であった月山と篠山の歴史について考えてみた。確かに札所としての条件である弘法大師伝承や修行の地としても必要条件は揃っているように思われる。なぜ、この二つの霊場が八十八ケ所に加わらなったのであろうか。大きな謎といえよう。

注

(1)『土佐国幡多郡守月山略縁起』についての翻刻は喜代吉榮徳師によるものである。なお掲載写真ご神体・勢至菩薩については月山神社様のご高配をいただいた。

(2)『大月町史』(大月町史編纂委員会、平成七年三月)一〇八七～一〇九七頁。

(3)同前。福吉要吉『月山考―各資料からみた月山』(『郷土史叢書』一九集)を参照した。

(4)『土佐国旧事記大集　下』は前掲注(2)『大月町史』一〇八九頁。

(5)『長宗我部地検帳』は前掲注(2)『大月町史』一〇九五頁。

(6)澄禅『四国辺路日記』は伊予史談会編『四国遍路記集』(伊予史談会、昭和五六年八月)。三八頁。

(7)『四国徧礼霊場記』は前掲注(6)伊予史談会編『四国遍路記集』一八五頁。
(8)『土佐州郡志　下』は前掲注(2)『大月町史』一〇九六頁。
(9)『南路志』第三巻(高知県立図書館、平成三年五月)五四五頁。
(10)前掲注(2)、『大月町史』一〇九六頁。
(11)慶学法印が享保七年(一七二三)に『土佐国幡多郡守月山略縁起』を再写する。
(12)同前一〇九六頁。
(13)『宇和旧記』(愛媛県青年処女協会、昭和三年六月)九一頁。
(14)『四国辺路日記』は前掲注(6)伊予史談会編『四国遍路記集』三九頁。
(15)『四国辺路道指南』は前掲注(6)伊予史談会編『四国遍路記集』九五頁。
(16)『四国徧礼霊場記』は前掲注(6)伊予史談会編『四国遍路記集』一八六頁。
(17)『宿毛史資料』(三)「蕨岡家古文書・都築家古文書」(宿毛市教育委員会、昭和五三年一二月)七頁。
(18)『宿毛市史』(宿毛市教育委員会、昭和五二年三月)三八〇〜四二九頁。
(19)前掲注(17)『宿毛史資料』(三)「蕨岡家古文書・都築家古文書」一一二頁。
(20)前掲注(18)を参照。
(21)前掲注(18)『宿毛市史』三八〇〜四二九頁。前掲注(17)「蕨岡家古文書」四五〜四七頁。
(22)前掲注(18)『宿毛市史』四二四〜四二六頁。
(23)『一本松町史』(一本松町、昭和四五年一月)一九八〜二〇〇頁。前掲注(18)『宿毛市史』三九九頁。
(24)同前。

(25) 前掲注(17)『宿毛史資料』(三)「蕨岡家古文書・都築家古文書」五頁。
(26) 同前八頁。
(27) 同前一二頁。
(28) 同前三三頁。
(29) 同前一二七頁。
(30) 納経帳の所蔵は前山おへんろ交流サロン①。稲田道彦氏蔵③・④・⑥。徳島県立文書館蔵⑤、個人蔵②・⑦・⑧・⑨・⑩・⑪。
(31) 『四国辺路道指南』は前掲注(6)伊予史談会編『四国遍路記集』九三頁。
(32) 稲田道彦『四国遍路の納經帳資料集』(香川大学瀬戸内圏研究センター、平成二九年三月)参照。
(33) 佐伯藤兵衛『四国辺路中万覚日記』は『香川県史・第九巻・近世史料1』(香川県、昭和六二年二月)。
(34) 九皐主人『四国遍礼名所図会』は前掲注(6)伊予史談会編『四国遍路記集』二三三~三一六頁。
(35) 平野作左衛門『四国遍路道中記』は小野祐平『調査研究報告』第六号(香川県立ミュージアム、平成二七年三月)。
(36) 新延氏『四国順礼道中記録』(喜代吉榮徳『四国辺路研究』第四号、海王舍、平成六年四月)。
(37) 佐治氏『佐治家文書・四国日記』は胡光「巡礼と「道中日記」の諸相・九州からの四国遍路」(愛媛大学「四国遍路と世界の巡礼」研究会、平成二六年三月)。
(38) 『四国辺路道指南』は前掲注(6)伊予史談会編『四国遍路記集』九五頁。
(39) 首藤修史『満願寺を訪ねて』(満願寺、平成二一年四月)三六~四三頁。
(40) 井上淳「江戸時代遍路統制」(『四国遍路の世界』愛媛大学四国遍路・世界の巡礼センター編、筑摩書房、令和二年四月)七六~八〇頁。

第八章　五十五番札所南光坊本尊について

はじめに

四国八十八ケ所霊場の本尊は西国三十三観音霊場のように、観音菩薩で統一されておらず、阿弥陀如来、薬師如来など様々の仏像が本尊として安置されている。多い順に記すと、薬師如来―二十四箇所、十一面観音―十三箇所、千手観音―十一箇所、阿弥陀如来―十箇所、大日如来―六箇所、釈迦如来―五箇所、聖観音―五箇所、不動明王―四箇所、地蔵菩薩―三箇所、大通智勝仏・文殊菩薩・弥勒菩薩・虚空蔵菩薩・馬頭観音・毘沙門天・五尊像（不動明王・観世音菩薩・阿弥陀如来・薬師如来・地蔵菩薩）は各一箇所である。以上の内で、とりわけ珍しいのが、五五番南光坊の本尊大通智勝仏である。この大通智勝仏は伊予特有の仏像で全国的にも類例稀であるが、その歴史的背景が比較的よく分かる点で貴重である。本論では、この大通智勝仏が、どのようにして五五番札所の本尊となったのかを考察するものである。

一、今治別宮・五十五番三島ノ宮における大通智勝仏

五五番札所・南光坊は今治市別宮に所在し、広大な境内には本堂、大師堂、金比羅堂などが建立されている。隣接して大山祇神社が建立されているが、明治初期の神仏分離までは南光坊と三島ノ宮（現大山祇神社・中～近世には三島社・三島ノ宮と称した）が一体となり、神仏の宗教行事が執りおこなわれていたのである。つまり神仏混淆が行われていた江戸時代以前には、三島ノ宮が五五番の札所であり、その別当寺が南光坊であった。

さて、別宮・三島ノ宮における大通智勝仏についての最初の記録は、承応二年（一六五三）の澄禅『四国辺路

日記』[1]（宮城・塩竈神社蔵）で、次のように記される。

三嶋ノ宮

本地大日ト在ドモ大通智勝仏ナリ。此宮ヲ別宮ト云ハ、爰ヨリ北、海上七里往テ大三島トテ島在リ、此神大明神ノ本社在リ。今此宮ハ別宮トテカリニ御座ス所ナリ。本式ハ辺路ナレバ其嶋へ渡。爰ニ札ヲ納ルハ略儀ナリ。

とあり、三島ノ宮の本地仏は大日如来とあるが、実は大通智勝仏であったと記している。これは澄禅が阿波・海部の大師堂で入手した、四国八十八ケ所の案内記である『世間流布ノ日記』に大日如来と記されていたことに起因したとみられる。さらに興味深いのは、古くは大三島の三島社（現大山祇神社）に参詣するのが本儀であるが、現在は別宮の三島ノ宮（今治）に参詣していたことが判明する。ただ別当寺の存在が確認されないが、後記する元禄二年の『四国徧礼霊場記』には、三島ノ宮に隣接して光明寺（金剛院南光坊）が大きく描かれているので、当然ながら澄禅の時代に、すでに南光坊は存在していたことは間違いないであろう。

四国遍路の長い歴史の中で、時代とともに札所が変遷することは、ままみられるが、五五番札所三島ノ宮も、かつては大三島の三島社に参詣するのが本儀であった。そして大三島・三島社の周辺に二十四の坊があったが、そのうちの八坊が今治・別宮に移されたと伝えられている。その時期は明確ではないが、鎌倉時代、正治年間[2]（一一九九〜一二〇一）とする説がある。

いずれにしても江戸時代初期以前に別宮・三島ノ宮と、その別当・南光坊が一体となり、四国遍路の札所となっていたことは間違いないであろう。ここからは澄禅の『四国辺路日記』以降の記録類を中心にして、大通智勝仏と三島ノ宮、さらに南光坊との関係について考察する。

まず、天和四年・出釈迦寺版『奉納四国中辺路之日記』[3]（個人蔵）が知られる。個人所蔵の、この日記は版本の巻子装で、阿波、土佐、伊予、讃岐の順に各札所の「札所名、本尊像、本尊名、詠歌」、次の札所までの「里程」がみられる。ただ巻首の十一箇所が欠失している。そのため表題が確認できないが、後記する別の日記から判断して『奉納四国中辺路ノ日記』の可能性がある。末尾に「讃州・我拝師山出釈迦寺　干時天和四年甲子三月廿一日開板　空海（渦文）」とあり、天和四年（一六八四）に讃岐の出釈迦寺で開版されたことが判明する（以下、『天和四年版日記』と称す）。伊予国三島ノ宮の本尊像（図１）は蓮台上で右足を上にして坐し、宝冠を戴き、胸前で左手の人差し指を右手で握る智拳印像である。その下には「三嶋宮、一里、大日如来」とあって、この像は金剛界の大日如来である。つまり本日記の制作者は三島ノ宮の本地を大通智勝仏ではなく、大日如来として認識していたのである。

図１　天和４年『奉納四国中辺路之日記』（個人蔵）三嶋宮

次に愛媛大学所蔵の日記は巻首が確認でき、そこに「ユ（梵字）奉納四國中邊路之日記」[4]（以下、『元禄元年版日記』）とあり、末尾に「合八十八ケ所、道四百八十八里、川四百八十八瀬、坂四百八十八坂、空海（判）、元禄元年土州、一ノ宮、長吉、飛騨守藤原□□」とある。全体的な内容については『天和四年版日記』と酷似するが、ここでは三島社となっている。本尊は大日如来とし、その姿がみられるが『天和四年版日記』と同じく、智拳印を結ぶ金剛界大日如来である。ここでも大通智勝仏ではなく、日記制作者の本尊に対する認識が十分でなかったことが分かる。なお、この日記は澄禅『四国辺路日記』中に記される「世間流布ノ日記』に相当するもの、または類似するものとの指摘が内田九州男氏によって指摘[5]されている。

次いで真念『四国辺路道指南』（香川・瀬戸内海歴史民俗資料館蔵[6]）がある。著者の真念は「四国遍路中興の僧」といわれ、高野山と深く関係し、貞享四年（一六九一）十一月に刊行された。この本は四国遍路の本格的なガイドブックで、刊行後、数年以内に数回も版を重ねている。三島之宮は次の通りである。

五十五番三嶋宮　平地、ひがしむき。おち
此所見しまにゆめのさめけれバべつくうとてもおなじすいじゃく
此間薬師堂。是より泰山寺まで一里二丁程。左は今治城下。諸事調物自由。

ここには他の札所にみられる本尊像やその大きさが見られず、詠歌が記されるのみである。ただ、時代が下る『四国偏礼道指南増補大成[7]』（明和四年―一七六七）には「五十五番別宮越智郡大積山金剛院光明寺今ハ南光坊と云」とともに、本尊像（図2）が掲図されている。この像は頭に肩までかかる長い頭巾を被り、両手を重ねた法界定印を結び、岩座に坐している。両手の法界定印から推測すれば、宝冠釈迦像とみることも可能であろう。つまり頭巾は宝冠を表し、両肩を覆うのは大衣で、腹部の紐は南北朝〜室町時代頃の仏像に、まま見られる腹帯を表しているのではなかろうか。

図２　『四国徧礼道指南増補大成』（個人蔵）55番・三嶋宮

次いで注目されるのが、寂本『四国徧礼霊場記』(8)（徳島・安楽寺蔵）で元禄二年（一六八九）に高野山の学僧、寂本により上梓された。『四国辺路道指南』に続いて発刊されたが、札所や周辺の番外霊場の境内図が細かく記載されているのが特徴である。これにより江戸時代前期の各札所の様子が詳細に窺える貴重な史料である。五十五番札所の内容は、長々と大三島の本社・三島社の歴史が記され、それに続いて、「宮守（別当）」として「大積山金剛院光明寺南光坊」がみられる。つまり「別宮・三島ノ宮」の別当として、南光坊の本尊は大通智勝仏であると記している。しかし真念『四国辺路道指南』と同様に本尊像や大きさは記されていない。なお境内図には「別宮図」とあり、向かって右に松林と思われる樹木に囲まれた三島ノ宮の本殿がみえ、その左側に本堂と客殿と思われる建物が見える。その前に大師堂が建立されており、神仏混淆の様子が分かる。遍路者は「別宮」と書かれた三島ノ宮に参拝し、金剛院光明寺つまり南光坊で納経していたものと思われる。江戸時代前期頃の五十五番札所の様子が判明するのは、まことに貴重である。

なお時代が下るが、寛政十二年（一八〇〇）に阿波国阿南富岡の河内屋武兵衛が四国遍路した『四国遍礼名所図会』(9)がある。この記録では四国遍路の途中で安芸・厳島を参詣し、次いで大三島の三島社に納経したあと、五四番延命寺の次に五五番別宮が記されている。ここには「大積山金剛院光明寺南光坊と云。（中略）文武天皇の御宇。三嶋明神を勧請す。伊豆摂津當郡天下三所なり。本地大通智勝佛、大三嶋へ渡らざる時ハ此所にて遥拝する。本地大通智勝仏座像不知作者」とあるが、どこに安置されていたかは明確ではない。境内図が見られるが、三島社に隣接して塀に囲まれた別当南光坊が見られる。その前には鐘楼なども見え、神仏混淆の様子が興味深い。なお図3は大三島・三嶋社（三嶋本宮）の文政三年（一八二〇）の神宮寺での納経帳である。

以上、江戸時代初期～後期までの三島ノ宮と南光坊との関係、さらに大通智勝仏の像容などをみてきたが、三島ノ宮と南光坊が一体となり、遍路に対応していたことが分かる。大通智勝仏についての記述は、大日如来と誤認されていたり、尊名のみであるなど、明確な位置づけはなされていない。おそらく三島ノ宮の本殿内に秘仏として安置されていた可能性がある。

次に残されている納経帳から五十五番札所を考察することにしたい。さて四国遍路独自の納経帳は江戸時代中期頃から確認できるが、その頃は墨で手書きされ、その後は版木によるものが増加してくる。江戸時代中期～明治時代の五五番札所の納経帳をみてみることにする。（版）は版本による。いずれも個人蔵本）。

文化十一年（一八一四）（版）奉納経　五十五番　日本總鎮守　三嶌　別宮大明神　別當南光坊
文政三年（一八二〇）（版）奉納経　日本總鎮守　大山積廣前　別當大積山　南光坊
嘉永四年（一八五一）（版）奉納経　日本總鎮守　大山積廣前　別當大積山　南光坊（図4）
明治二年（一八六九）奉納　本尊大日如来　いよ南光坊
明治十二年（一八七九）奉納　本尊大日如来　イヨ別宮南光坊
明治十八年（一八九五）（版）奉納経　本尊大日如来　伊豫国別宮　南光坊（図5）
明治三十一年（一八九八）（版）奉納経　大通智勝仏　伊豫今治別宮山　南光坊（図6）
明治三十五年（一九〇二）（版）奉納経　大通智勝佛　伊豫今治別宮山　南光坊

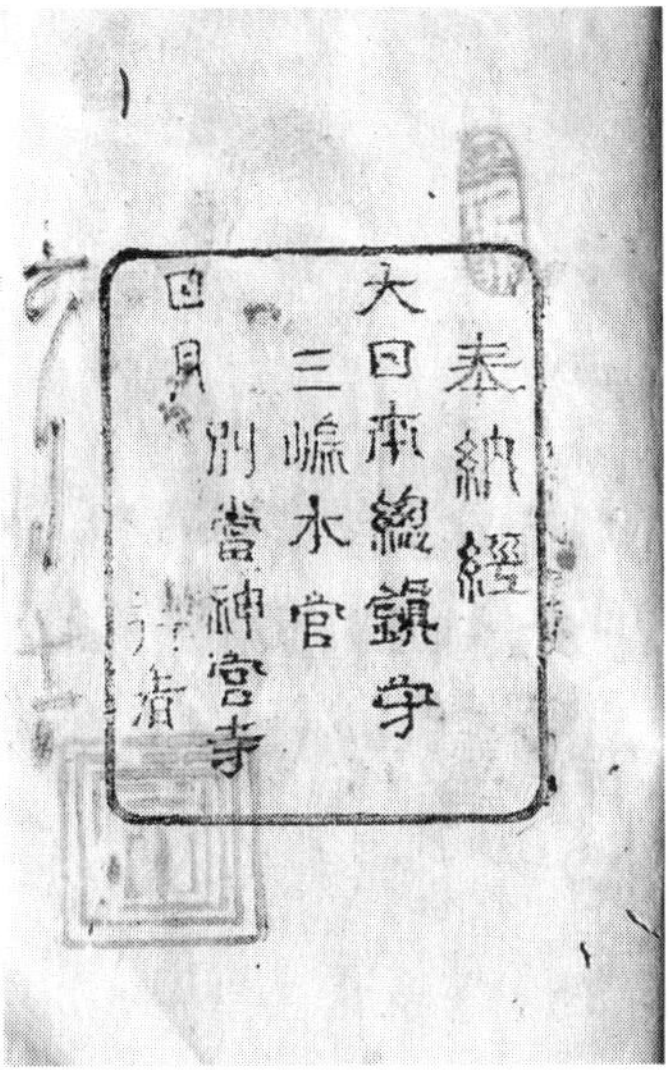

図３　文政３年納経帳
（個人蔵）

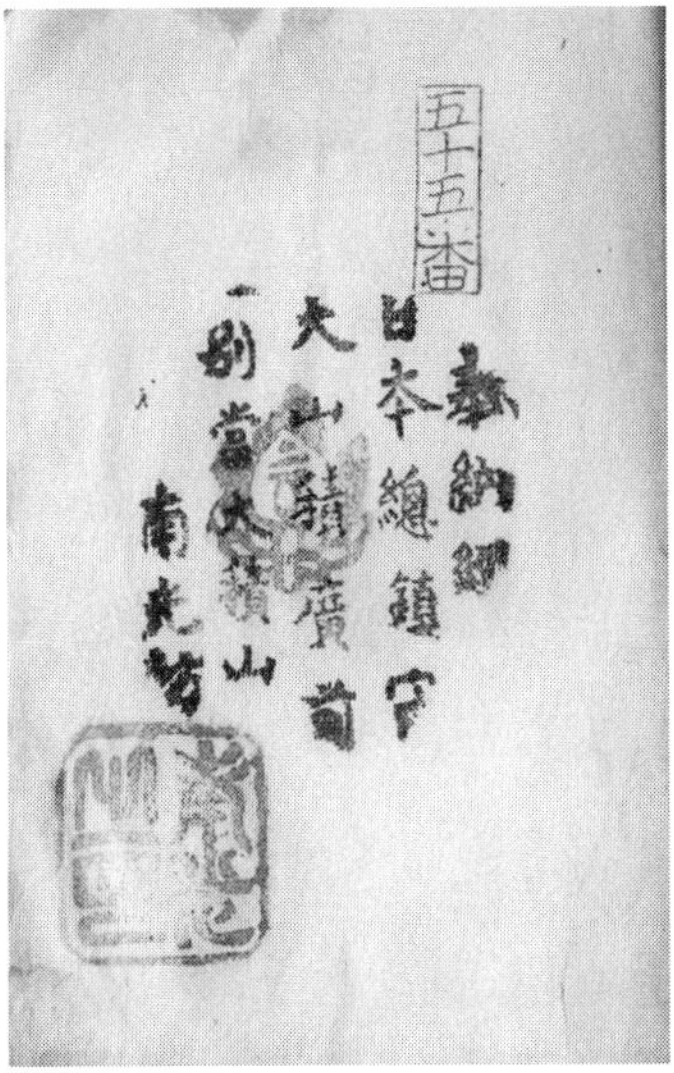

図４　嘉永４年納経帳
（個人蔵）

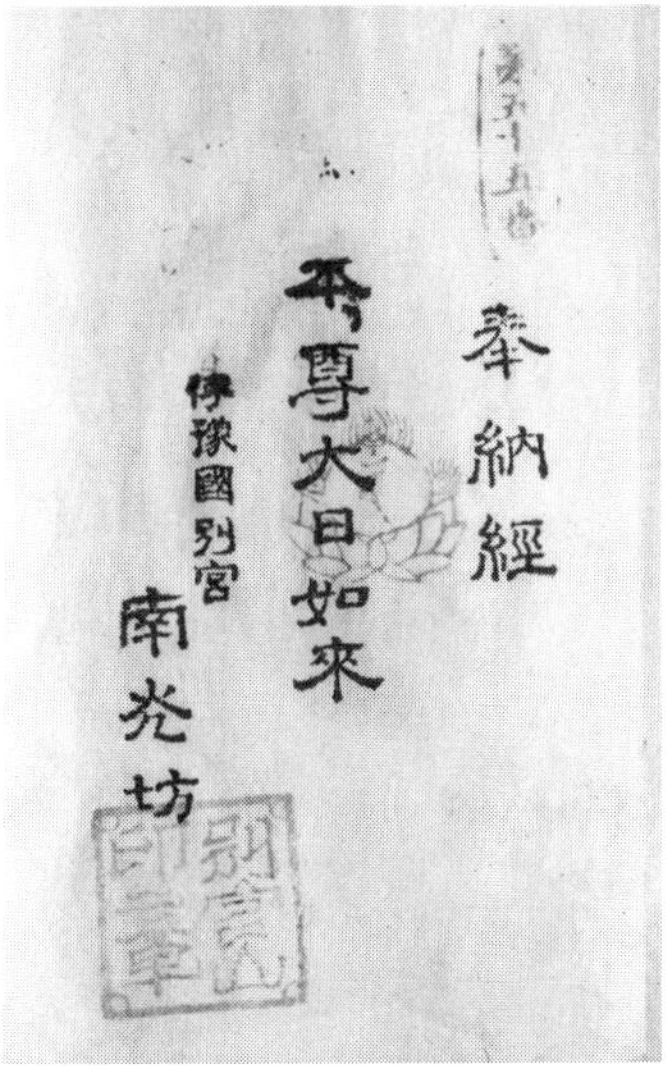

図５　明治２年納経帳
（個人蔵）

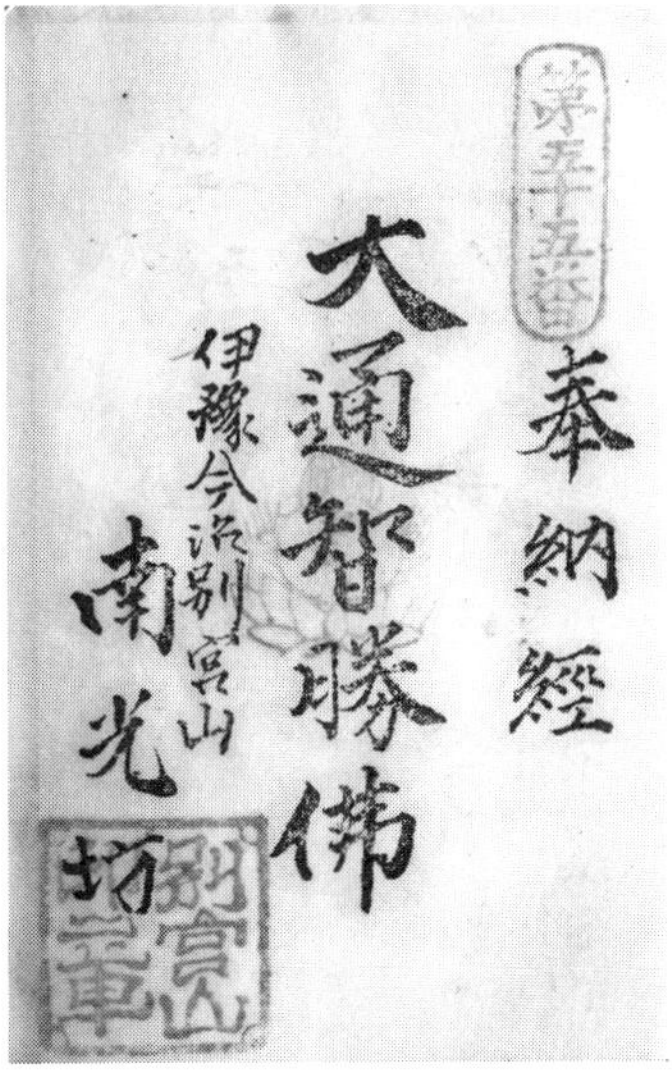

図６　明治28年納経帳
（個人蔵）

以上、納経帳の記事を掲載した。納経の手順については、まず別宮・三島ノ宮の祭神・大山積大明神に参詣後、南光坊で納経が行われたとみられる。したがって、本地仏大通智勝仏の記載は江戸時代の納経帳には見られない。そして明治時代初期の神仏分離後から大通智勝仏が南光坊に移され本尊となる。ただ明治二年には「本尊大日如来」と記されている。その後、この大日如来が永く続くが、明治三十年頃から「大通智勝仏」が確認できるようになり、現在まで踏襲されている。

二、明治時代以後の南光坊本尊・大通智勝仏

江戸時代末期まで長く続いた神仏混淆も明治時代初期の神仏分離により、神社と寺院が離れることとなった。この経緯について、『先達教典』[10]に次のように記されている。

（前略）明治初年の廃仏毀釈では本地仏として社殿に奉安していた大通智勝如来と脇侍の弥勒菩薩像、観音菩薩像ほかの尊像も、南光坊本堂に移されて別宮明神と分離し、四国霊場五十五番札所として独立した。

とあり、三島ノ宮に安置されていた仏像の多くが、南光坊に移され、それとともに本尊が大通智勝仏となり、明治・大正・昭和と長きにわたり、札所の本尊となっていた。しかし太平洋戦争末期の昭和二十年八月、空襲により大師堂と金比羅堂を残して罹災した。現在の本堂は昭和五十六年秋、薬師堂は平成三年春に、山門は同十年に再建されている（『先達教典』）。残念ながら太平洋戦争で、古くから存在した大通智勝仏は焼失し、現在では、

その尊容を知ることはできないが、本尊の姿を忠実に写したとみられる御影が残っており手がかりとなる。御影というのは、四国遍路では本堂や大師堂を参拝したあと、納経所で納経帳に本尊名や札所名が墨書され、それとともに本尊の姿を印刷した小さな紙が付与される。これを「お御影《みえ》」という。江戸時代には確認できないが、明治時代中期頃の納経帳の中に挟まれた状態で見つかるので、明治時代の半ばころに始められたと考えられる。現在、筆者が確認している大通智勝仏の御影には三種あり、それぞれ大きく異なることが指摘できる。

①　この御影（図７）は明治二十八年の納経帳に挟まれていたもので、大通智勝仏は五重の蓮台上に火炎付きの光背を背に坐している。頭部は螺髪形であることは間違いなく、肉髻珠が大きく表されているのが目立つ。下半身に裙を着け、左肩から右腋下にかけて条帛が見える。両腕には臂釧・腕釧、胸には胸飾がかざられている。問題の両手をみると、胸前で右手の人差し指を立て、左手で握っていることが確認できるのはまことに有り難い。この種の印相は「理挙印」と称される（後述）。台座下の枠内には「南光防」とあるのは、やや不審としなければならないが、何らかの理由があるのか、単なる誤記であるのかは分からない。

図７　大通智勝仏御影（個人蔵）

②　この御影（図８）にみられる大通智勝仏は頭部は螺髪で、裙を着け大衣は通肩にして、右足を上にして結跏趺坐する。両手を胸前に構える

が、両手は衣に包まれて印相は確認できない。「大通智勝仏、四国霊場第五十五番札所、伊豫今治港別宮山南光坊」とあり、大通智勝仏と認識していた。この像容は『仏像図彙』（元禄三年―一六九〇）に同様のものがみられるので、これを参考とした可能性がある。ただ、この御影がいつ頃から付与されるようになったのか不明であるが、明治二十八年の納経帳に挟まれていたとのことである。なお、この像容の大通智勝仏が大三島瀬戸の向雲寺に所蔵[11]されている。

図８　大通智勝仏御影（個人蔵）

図９　大通智勝仏御影（個人蔵）

③

この御影（図９）の大通智勝仏は頭髪は螺髪とし、下半身には裙が着けられるが、上半身は裸形で、乳頭を表し、右足を前にして結跏趺坐している。胸前に両手を置くが、右手の人差し指を左手で握る理拳印である。腕には腕釧がつけられる。先記②と同じくいつ頃から、この御影が付与されたのか、何を根拠にしたのか、住職の発案なのかなどまったく不明であるが、昭和五十年頃に南光坊で斎藤彦松氏が拝見[12]したことが分かるので、おそらく戦後に作られたものとみられ、現在もこの像容の御影が付与されている。

以上、三例の御影を呈示した。では、実際に太平洋戦争で焼失した江戸時代以前から続く、大通智勝仏の像容はどのようであったのであろうか。戦後まもなく造られたという大通智勝仏の仏像が南光坊に残されているが、それを拝見すると①と同様であることが分かる。これらから想像して、おそらく①の大通智勝仏が江戸時代初期以前より続く大通智勝仏であった可能性が高い。ただ写真も残されておらず、造像年代などは全く不明であり、今後の新出資料に期したい。

三、大三島・東円坊の大通智勝仏

別宮・南光坊に安置されていたが、昭和二十年に罹災した大通智勝仏は螺髪形で右手の人差し指を左手で握る像容であった可能性を指摘したが、この像と同様の像が大三島・東円坊に安置されている。この像はかつては大三島・三島社の経蔵に安置されていたが、明治初期の神仏分離で東円坊に移されたものとみられる。

東円坊像については、昭和二十九年に行われた「四国八十八ケ所を中心とする文化財調査[13]」により見いだされた。調査報告書によると「釈迦如来像とともに頭部が欠失した大日如来とともに仏頭一箇があり、その内面に元徳二年四月日、院吉の墨書銘がある」と報告されている。大日如来と記される像が本像であることは間違いなかろう。神仏分離とその後の状況はよく分からないが、体部と頭部が分離していた状態を考えると、神仏分離時の混乱によるものかとも推測させる。

その後、この二体は修理が施され、昭和五十五年二月七日に「木造金剛界大日如来座像」、他方は「木造胎蔵界大日如来座像」（施無畏・与願印像）として当時の大三島町の指定となり、現在は今治市指定となっている。

江戸時代から混同があるように、大通智勝仏が大日如来とされる事が多い。さて、この像が大通智勝仏として再認識されたのは昭和五十一年の斎藤彦松氏による「大通智勝如来信仰の研究」[14]においてである。この論考では大通智勝仏の像容を三分類し、東円坊像が「如来（螺髪）形理拳印像」であることを示された。つまり京都観智院蔵「三十日秘仏」（白描図像）の「九日」に「大通仏」とされる像と東円坊像の像容が合致すること、そして光宗『渓嵐拾葉集』[15]に記される記事から、大日如来とは逆手の印相を「理拳印」の大通智勝仏であることを明らかにされた。これにより東円坊像が三島社の祭神である大山積（三島）大明神の本地仏の大通智勝仏であることが判明したのである。さらに斎藤氏は、「如来形理拳印像」の他に「吉野朝禅宗様（宝冠釈迦像）」と「如来形秘印像（大三島・向雲寺像）」の大通智勝仏の存在を示され、大三島や伊予における三島大明神と大通智勝仏の関係を明確[16]にし、古代・中世の三島社の歴史を明らかにされた。

さて大三島・三島社の歴史については『三島宮御鎮座本縁並寳基傳後世記録』[17]（以下、『御鎮座本縁』）が参考となる。これらを元に大通智勝仏に関わる事項を確認[18]する。まず平安時代後期の保延元年（一一三五）に「国中社傍一寺建立号神供寺外一宇堂建立大通智勝仏像安置大山積為本地其外摂社末社本地仏如斯調御正躰号大通智勝仏左右掛並仏供院号亦本寺堂云是神供寺初也云々」とあるように、大通智勝仏が本地仏として仏供院（本地堂）に安置された。その後、しばらく大通智勝仏に関しての記事はみられないが、元亨二年（一三二二）に三島社で火災が発生して多くの建物が焼失するが、大通智勝仏は焼失を免れたとある（『御鎮座本縁』）。ただ、その八年後の元徳二年（一三三〇）に院吉により、造立された大通智勝仏（現東円坊像）が確認される。つまり、元徳二年以後には大通智勝仏が三島社に二躯存在することになる。これを、どのように解してよいのか判断に迷うが、あるいは院吉作の大通智勝仏は古くから存在していた大通智勝仏が社伝とは異なり、焼失したための復興像ではないかとも思われる。後考を待ちたい。その後、元禄四年（一六九一）に宝蔵・経蔵が建立され、大通智勝仏・弥勒菩薩像などが経蔵に安置された（『御鎮座本縁』）。そして明治時代初期の神仏分離により、大通智勝仏など多くの仏像が東円坊に移されることになる。

おわりに

五五番南光坊の本尊は、四国遍路の札所の中では、極めて珍しい大通智勝仏である。歴史を辿れば、大通智勝仏は最初、大三島・三島社の祭神・大山積大明神の本地仏として安置される。三島社の周辺には、古くは二十四坊が存在したという。その後、その内の八坊が今治・別宮に移り、別宮・三島社の周辺に存在したが、いつしか南光坊だけになったという。ただ別宮・三島社が八坊と同時に大三島から移ったのか。それとも別宮・三島社が先に今治にうつり、その後、八坊が追随したのかなどの歴史については明らかにできないが、江戸時代初期以前であることは、澄禅の『四国辺路日記』からみて、あきらかである。その三島社には大三島・三島社にならい、三島大明神の本地仏として大通智勝仏が十六王子とともに、社内に安置されていた。四国遍路が盛んになるに連れ、別宮・三島社とその別当寺・南光坊は一体となり、大いに隆盛を極めるが、明治初期の神仏分離に伴い、三島社から大通智勝仏を含む、数多くの仏像などが南光坊に移された[19]。それとともに南光坊の本尊は不動明王から大通智勝仏に代わることになる。明治～大正・昭和と五五番南光坊の本尊として、多くの遍路者の信仰を得るが、昭和二十年の戦災により焼失する。写真なども残されておらず尊容は容易に窺えないが、かろうじて、納経に際して付与される「お御影」によって推測される。それは本社というべき、大三島・三島社の院吉作の大通智勝仏

（現東円坊像）と同一であることは有り難い。戦災後に造られた大通智勝仏は先の像と同じく、螺髪形で理拳印の尊像[20]である。この大通智勝仏も新たな歴史を刻みながら、脈々として長く引き継がれることであろう。

注

（1）澄禅『四国辺路日記』は主に宮崎忍勝『澄禅四国遍路日記』（大東出版社、昭五二年一〇月）、伊予史談会編『四国遍路記集』（伊予史談会、昭和五六年八月）、小松勝記『四国辺路日記并四国順拝大絵図』（岩本寺、平成二二年一〇月）を参照した。
（2）大三島町誌編纂会『大三島町誌』（大三島町、昭和六三年三月）一三三三頁。
（3）天和四年出釈迦寺版は個人蔵。
（4）内田九州男「資料紹介・『奉納四国中辺路之日記』（「四国へンロと世界の巡礼研究」プロジェクト、平成二〇年三月）に詳しい。
（5）同前。
（6）真念『四国辺路道指南』は新居正甫『真念「四国へンロ道志るべ」の変遷』（本上や（新居正甫）、平成二六年八月）。
（7）『四国徧礼道指南増補大成』は個人蔵本参照。
（8）『四国徧礼霊場記』は近藤喜博『四国霊場記集』（勉誠社、昭和四八年五月）。
（9）『四国遍礼名所図会』は小松勝記『四国遍礼名所図会并近代の御影・霊場写真』（二十六番金剛頂寺、平成二六年三月）。
（10）四国八十八ケ所霊場会『先達教典』（四国八十八ケ所霊場会、平成一八年一二月）二五八〜五九頁。
（11）斎藤彦松「大通智勝如来信仰の研究」（『宗教研究』、二二六号、日本宗教学会、昭和五一年三月）。図8と『仏像図彙』との関係も斎藤彦松氏のご高論による。
（12）同前。「大通智勝如来信仰の研究」の付属図に記載。

(13) 文化財保護委員会編『四国八十八箇所を中心とする文化財』(文化財保護委員会、昭和三九年)。
(14) 前掲注(11)斎藤彦松「大通智勝如来信仰の研究」。
(15) 前掲注(11)参照。『渓嵐拾葉集』巻第九十(『大正新脩大蔵経』七六巻・七九一頁)。
一、大通佛印相事。予元應二年夏。伊豫国下向次三島大明神拝見。此明神御本地。大通智勝佛奉建立。其為體螺髪形釈迦理拳印結給。謂其相以左手拳右手風指。迹門者因分理性。理拳印尤相應。若此義本門教主可智拳印。銀色女經文可思之。又十六王子御座。第十六王子者。比丘形也。今日釋迦如来也云々。第一王子ウラト即是本地薬師如来也。今法花經説相不違也。
(16) 前掲注(11)斉藤彦松「大通智勝如来信仰の研究」。
(17) 大山祇神社宮司三島喜徳編『三島宮御鎮座本縁並寳基傳後世記録』(大山祇神社宮司三島喜徳、昭和六一年一〇月)。
(18) 随行未千「大三島における神仏習合―大通智勝仏を中心に―」(『愛媛文化』第二七号、平成三年三月)、頼富本宏「仏教・神祇そして密教へ―大通智勝仏信仰の展開―」(龍谷大学『仏教文化研究所紀要』第四五集、平成一八年一一月)。
(19) 今治市役所編『今治市誌』(名著出版、昭和四八年一二月)二六二頁。ここには「明治維新後本尊大通智勝仏、十六王子を本堂に奉還し、旧境内を区切って別宮神社とは全く分離せられた。」とあり、十六王子の存在を記している。
(20) 今治市・南光坊様からご教示いただいた。

第九章　澄禅の人物像再考

はじめに

弘法大師空海を淵源とする四国遍路は様々の信仰や多くの人々によって、現在のような形態となったが、ここでは四国遍路の歴史的研究上、重要な人物である澄禅の人物像について考察したい。澄禅は九州肥後・球磨出身で長く京都・智積院に属した僧侶で、承応二年（一六五三）に四国辺路を行い、日々の出来事を記録した『四国辺路日記』を残した。この日記は江戸時代初期の四国辺路の実態を知る上で、欠くことのできない重要な資料であることはいうまでもない。澄禅について、筆者はすでに何度か各誌に発表してきたが[1]、多くは『四国辺路日記』に関わる部分であった。しかし詳しくみると四国辺路とは別に、本来の人物像が存在するのである。つまり澄禅は梵字悉曇の能書家で梵字に関する著書が数多くあり、今に澄禅流として伝えられ、四国辺路との関わりとは別の人物像が浮上するのである。

一、澄禅の履歴

澄禅（一六一三〜八〇）の人物像については、次のような諸書・諸記録などによって多くを知ることができる。

（1）『續日本高僧傳』巻第二[2]

「肥後地藏沙門澄禪傳」

釋澄禪。字悔焉。肥後相良侯國老。菱川氏子也。霊根夙萌。廿歳出家。天性高邁。志韻剛潔。稍長游學京師。掛錫智積院。習瑜伽教義於運敞僧正。小野廣澤秘璽密訣。勝竭盡無餘。兼通梵字悉曇。七例八囀。音義究妙。住山數年。居第一座。禪餘畫仏像及山水。精妍潤澤。景致高遠。嗜茶玩逍。道遥物外。以道為楽。介然自適。胸中不留芥帯。時人稱風顛漢矣。後水尾法皇勅書。梵字。王命不獲已。身被紙衣布帽獨自携筆。徒歩直入仙宮。公卿雲客観其眞率。歎賞不止。梵法端謹。雲煙活動。數畫御前。皇情大怡。観者聳動。乃賜屯絹縕袍。禅固辞曰。予雅紙衣散僧。不要此美服焉。一時運敞僧正奉勅。将朝聯歌會。禅俄爾入室諫言。夫把法柄者。為講論宗乗昇殿則可也。苟為智山碩学者。徒為聯歌故朝宮掖。而今而後。闔山学徒。悉事空詩浮文。密宗行解徒是替廃。敞公感服直言。乃罷焉。禅迂潤世態。凡欲購物通信時。自出大佛門前街頭訪南都大坂来住人。諸尺牘貨幣是託未嘗一面識者。括然不疑矣。晩歸梓里。住愛宕地蔵院・擢任權僧正。所著有悉曇愚鈔。種類集等亡慮若干部未詳終焉年月矣。

賛曰。禅公灑々落々。飄然塵外。眞操實履。高儀可羡。雖梵學未精細。苦心堪稱。若其眞率愕掖庭。不耻古人者也。

(2)『瑞林集』巻九「十如是臨本跋」(3)

法師澄禅世姓は菱苅氏。肥後の国求麻ノ郡の人なり。幼にして薙染受戒し瑜伽宗を習ふ。年進具に及んで、笈を負ふテ洛に入り智積ノ僧房に寓す。而して講論の席に篭り義学の鋒を磨く十有餘年。業成て本国に帰る。太守接待優渥なり。郷里以て之を栄とす。然も禅(澄禅)以て累しと為して、潜かに逃れて国の境を出て自ら悔焉と号す。一鉢一錫行李蒼然たり。名山霊区偏歴せざる無し。禅(澄禅)少小して思ひを悉曇の学に精ふす。尤も悉曇を善くす。前人の奇跡有ることを聞く毎に、必ず足繭を累ねて往いて観る。頗る諸家の秘抄を窺ひ得たり。終に自ら一家を成す。凡そ梵字を書するに、多くは木筆を用ゆ。木筆の製、木を以てこれを作り、或は毛を以てこれを造る。皆木筆と名づく。禅の木筆を揮ふの妙、常人の得て及ばざる所なり。其の伎遂に天聴に達す。去る丙午の秋法皇禅に勅して高雄山の木筆の十如是を臨摹せしむ。其の十如是は伝に云ふ。弘法大師の手澤なりと。禅山に登て沈欝すること両三日。即ち襟を揮って臨倣して二本を写し得たり。竝に飛白の勢、點画の奇、蟲鳥人物、宛、元本と異なることなきが如し。禅謂く、其の本は凡手の勉強して成るべからざる者なり、と。迺ち其佳なる者を擇んでこれを奉献す。法皇歎じて曰く。臨本往往に元本よりも遒媚なるに似たるありと。幸ひ聖賞を蒙ること此の如きなり。其の一本は留めて、これを吾が寺に蔵す。故に其の始終を記して以て将来に貽すと云ふ。

時寛文第九歳次己酉孟冬日

権僧正智積教院傳法沙門運敞謹書

とある。両書には若干の相違がある。前書では「往山数年、居第一座」や「「晩帰梓里、住愛宕地蔵院権僧正」などには、いささか疑問が残る。後者は寛文九年（一六六九）、澄禅が五十七歳の時に師の運敞が記録したもので、信憑性は極めて高く、信頼できるものであろう。

二、澄禅の生国と願成寺

先述した二書により、澄禅の生国は肥後国球磨郡で、菱刈氏の出身であることは明確である。さて、これに関して澄禅が記した『四国辺路日記』の中に生国に関する興味深い記事[4]がみられる。それは澄禅が伊予・太山寺に参拝した時のことである。「扨、堂ニ、予本国犬童播磨守、元和三年六月十五日僧正勢辰謝徳ノ為トテ辺路修行スト在板札在リ、」とある。これは澄禅の本国、すなわち肥後国・人吉藩の犬童播磨守が四国辺路の途中、元和三年（一六一七）六月十五日に太山寺に参詣し、「僧正勢辰の謝徳の為」と記した板の納札を本堂に打ち付けたのである。その板札を澄禅が偶然に見つけたと記している。ここに記される僧正勢辰とは、球磨・人吉の願成寺第十三世の住持である。[5]願成寺に所蔵される勢辰の肖像画を見れば、[6]堂々とした風貌で威厳のある僧侶で有ることが確認でき、さらに別の資料から詳しい履歴が判明する。[7]

勢辰字ハ甚鏡房姓ハ愛甲天文十六丁未年生ル、十三歳ニシテ家ヲ出テ八代郡悉地院勢胤ニ随テ剃髪ス。時二十四。永禄年中願成寺十一世真誉ニ密灌ヲ受ク、其後紀州根来金剛峯寺両寺ニ修学、十五年後根来寺執事ト成リ、秀吉公兵火ノ時宝物秘鈔ヲ取リ出シ、師寺に持チ帰ル。天正十六戊子年願成寺十二世真源ニ密伝ヲ受ケ、後住ト成ル。四十二。文禄元年壬辰年秀吉公征韓役相良長毎公ニ従テ出征シ大ニ功アリ、依テ寺禄ヲ増加セラレタリ。慶長十乙巳年十島蓮花院ヲ賜リ、同十六辛亥年五月二十一日参内シ親シク龍顔ヲ拝シ奉リ勅許権僧正ニ任セラレ当寺ヲ後陽成天皇ノ勅願トナス。勅諚ヲ賜ル。同二十年八月蓮華院ニ隠居ス。教王院ト号ス。日夜皇室ノ御安泰ト鎮護国家ヲ祈願シ知行兼備ノ傑僧タル職誉高カリキ。元和二丙辰申刻五月二十九日、遺書ヲ残シ、印契ヲ結ンデ入寂ス。堯恵略記之　願成寺四十一世宥運改写之

とある。つまり僧正勢辰は球磨地域を代表する、真言宗寺院の願成寺第十三世の住職で、願成寺で得度し修行の後に、紀伊の根来寺や高野山でも修行を重ねたことが記されている。豊臣秀吉の根来寺攻めの際に、根来寺の宝

物である聖教『秘鈔』を取り出し、願成寺に持ち帰ったと記している。その後、権僧正となり、願成寺が後陽成天皇の勅願寺の勅諚を賜り、元和二年（一六一六）五月二十九日示寂[8]したことが判明する。ここで興味深いのは、示寂した翌年、人吉藩の犬童播磨守が謝徳の為に四国辺路が行われたことである。それは元和三年五～六月頃であることを思えば、おそらく一周忌に合わせて四国辺路が行われたものと思われる。この板の納札を澄禅が太山寺の本堂で偶然に見つけたことは、まことに奇遇としかいいようがなく、よほど感激したのであろう。この出来事を澄禅は日記に書き記したのであるが、残念ながらこの板札は現存確認できていない。なお犬童播磨守[9]については詳しく判明しないが、名前からして身分の高い武士とみられ、こうした人物が四国辺路に参加していたことは少々の驚きである。

三、智積院と願成寺と澄禅の関係

僧正勢辰の存在から、肥後球磨地方の願成寺の存在が見出せた。願成寺は人吉藩の中でも有力な寺院のひとつとして存在するが、幸いにも歴代住職や関係の僧侶の肖像画が数多く残されている。その中に願成寺の僧侶と盛んに交流した長州・満願寺の宥雄僧正図[10]があり、その賛文を書いたのが智積院の運敞（一六一四～九三）で「明暦三丁酉歳臘月令辰書干武城愛皐圓福教寺苾芻運敞和南」とある。これとは別に願成寺第十九世・照辰僧正の肖像画の賛文を書いたのも運敞で、「寛文壬子（十二年）臘月初七上都智積教院僧正運敞謹書[11]」とある。これにより願成寺と智積院・運敞との間に深い関係が存在したと考えられるであろう。さらに後述するが、願成寺の澄禅筆の敷曼荼羅[12]の制作が「明暦丁酉（三年）仲春書写畢東寺悉曇末葉澄禅（朱印）」とあり、先記した宥雄僧正図の運敞の賛も同じ明暦三年（一六五七）の朦月を考慮すれば、時を同じくして運敞と澄禅が願成寺を訪れていた可能性もあろう。つまり智積院・運敞と願成寺、さらに澄禅との間に何らかの深い関係が見出されるが、それがどのようであったのかはよく分からない。

さて、先記した『瑞林集・十如是臨本跋』に「笈を負い洛に入り、智積の僧房に寓す」とあるように澄禅が、ある時期に智積院の門をたたいたことが記されている。おそらく願成寺と智積院との密接な関係から推測するが、球磨出身の澄禅は出身地に近い願成寺で得度でもしたのであろうか。その後、縁故を頼り智積院の門に入ったと推測したい。

四、澄禅の著作

運敞が記した澄禅の履歴の中に「澄禅は幼少のころより悉曇を学び、悉曇を善くし、終に自ら一家を成す。およそ梵字を書く時は、多く木筆を用いるが、その木筆を作りあるいは毛を以ても作るが、皆木筆と名づく。澄禅の木筆を揮ふの妙は常人の及ばざる所で、其の技は天聴にも達し、去る丙午の秋法皇、澄禅に勅して高雄山の木筆の十如是を臨摹せしむ。其の十如是は伝に弘法大師の手澤なりという。澄禅、山に登て沈欝すること両三日、即ち襟を揮って臨倣して二本を写し得たり」とあるように、梵字悉曇の能書家であったことは広く知られ、その名声は天皇の耳にも入るほどであったという。さらに興味深いのは、数多くの梵字悉曇の書籍を刊行し、世に広めたことである。筆者架蔵本について発刊順に、その概略を記すことにしたい。

（1）『悉曇愚鈔』二巻

上巻　版本、表紙・本文三十七丁・裏表紙　縦二五・八㎝、横一八・八㎝
　題簽「悉曇愚鈔上」・内題「悉曇愚鈔」
下巻　版本、表紙・本文五十丁・裏表紙縦二五・八㎝、横一八・八㎝
　題簽「悉曇愚鈔下」・内題　無

この本は上下二巻からなり、上巻は「摩多用音并異形」にはじまり、「第九餘単章」まで、下巻は「第十餘単章」から第十八章孤合之文」まで、詳細に解説されている。なお末尾に次のような文言がみられる。

余寓城東智積蘭若之寮舎講悉曇之相義導初學十有餘年矣諸徒請録章段之建立拗直之反切於假名因茲向草藁徐畢未加切瑳各已謄寫去毎歎文辞紛然義理不圓以故項目検捜往日之一冊刷繁拾遺名曰悉曇愚鈔再治之定本尚有紕繆冺於草本奐後覧者辨浄草矣

万治已亥仲秋吉日

干時寛文八戊申秋九月日更應諸徒之所請鏤梓矣

悉曇末葉沙門澄禅（花押）

とあり、諸徒の請により、智積院の寮舎に於て、悉曇の相義を行い、初学の徒を十有年におよび導いた。それを元に『悉曇愚鈔』として刊行したものが本書であるという。万治二年（一六五九）に草稿ができ、十年後の寛文八年（一六六八）秋に発刊されたとみられ、発刊まで随分と時間がかかったようである。四国辺路を修行の後、十五年後の刊行であった。

（２）『悉曇連聲集』一巻

版本、表紙、本文九丁、縦二七・一cm、横一八・九cm

題簽「悉曇連聲集」・内題「悉曇連聲集」

跋辞　寛文戊申秋八月日書　廻向無上大菩提　沙門澄禅悔焉

とあり、寛文戊申は寛文八年（一六六八）秋のことである。

（３）『梵文十三佛種子真言四十九院種子』一巻

版本、表紙、本文四一丁、縦二七・八cm、一六・一cm

題簽「梵文十三仏種子真言四十九院種子」・内題無

跋辞　寛文己酉仲春日書　悉曇末葉僧澄禅

とあり、寛文己酉は寛文九年（一六六九）の春である。

（４）『悉曇字記』一巻

版本、表紙・本文二八丁、裏表紙、縦二七・七cm、横一九・四cm

題簽「悉曇字記」、内題「悉曇字記　南天竺般若菩提悉曇」・

図１　『悉曇愚鈔』（個人蔵）

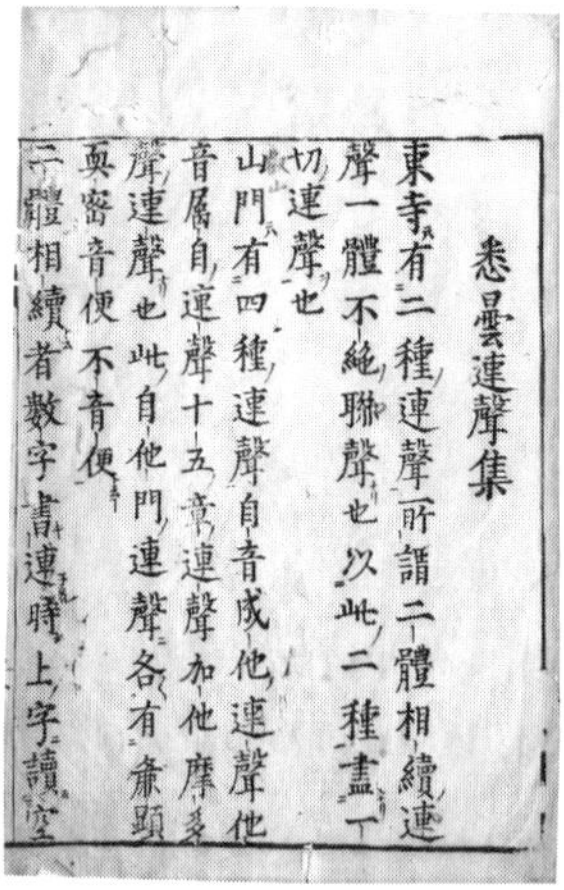

悉曇連聲集
東寺有二種連聲所謂二體相續連
聲一體不絶聯聲也以此二種盡一
切連聲也
山門有四種連聲自音成他連聲他
音屬自連聲十五章連聲加他摩多
聲連聲也此自他門連聲各有兼頭
與齊音便不音便
二體相續者數字書連時上字讀空

図２　『悉曇連聲集』（個人蔵）

「大唐山陰沙門智廣撰」
跋辞　寛文己酉仲秋日開焉釈澄禅
とある。寛文己酉は寛文九年（一六六九）秋の開版である。

(5)『種子集』二巻か

版本、表紙・本文三六丁・裏表紙、縦二七・二cm、横一八・〇cm
題簽　欠・内題無
跋辞　寛文庚戌夏五月日書　沙門澄禅（花押）
とある。寛文庚戌は寛文十年（一六七〇）の五月である。

(6)『増補悉曇初心鈔』一巻

版本、表紙・本文三三丁、裏表紙縦二六・七cm、一九・〇cm
題簽「増補悉曇初心鈔」・内題「増補悉曇初心鈔」
跋辞　寛文十一辛亥仲春日此一集令増補了　悉曇末葉僧澄禅悔焉
とあり、寛文十一年（一六七一）の開版である。

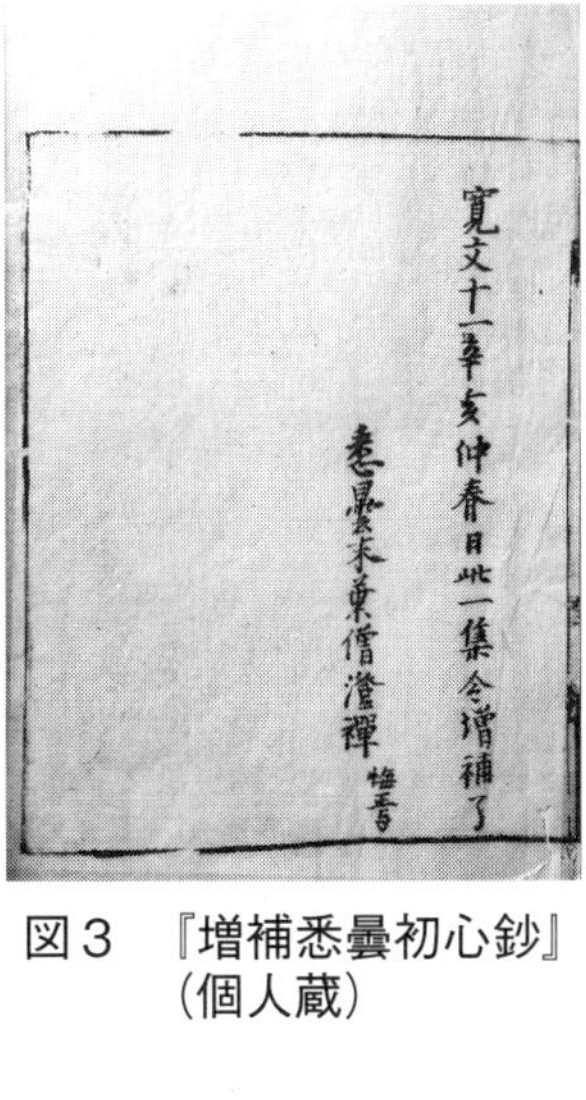

図3　『増補悉曇初心鈔』（個人蔵）

この他に先記した大唐山陰沙門智廣の撰による『悉曇字記』のように、先師の著を復刻した『一行禅師字母表』、空海『梵字悉曇字母并釈義』なども刊行[13]しており、江戸時代初期における梵字悉曇学の研究や普及に大きく寄与した僧侶として特筆される。澄禅が四国辺路したのは四十一才の時であり、その頃、梵字悉曇の研究がどの程度であったのかなど詳しいことは分からない。ただ四年後の明暦三年（一六五七）に人吉・願成寺の種子敷曼荼羅を製作していることから、すでにこの頃には梵字悉曇に習熟していたことが想像されよう。

おわりに

四国遍路の歴史的研究において、澄禅の『四国辺路日記』は江戸時代初期の四国辺路の実態を知る上で、極めて重要な資料である。しかし澄禅は単に四国辺路しただけでなく、本来は肥後国球磨出身で京都・智積院の修行僧としての存在がある。そして何よりも梵字悉曇の能書家、研究家として活躍し、三百有余年を過ぎた今でも、その刷毛字書法は澄禅流として、密教僧の手本となっている。四国遍路の歴史的研究者の間では『四国辺路日記』の著者としては、極めて有名であるが、残念ながら本来、澄禅が目指し、活躍した業績については殆ど知られていない。本論は澄禅の業績の一部しか明らかにできなかったが、いずれ澄禅の出身地である球磨・人吉の地を訪れ、足跡を偲びたいと念願している。

注

（1）武田和昭『四国辺路の形成過程』（岩田書院、平成二四年一月）、武田和昭『四国へんろの歴史』（美巧社、平成二八年一一月）。
（2）『續日本高僧傳』は『大日本佛教全書』一〇四（大法輪閣、二〇〇七年一月）三五～三六頁。
（3）『澄禅筆　飛白十如是　解説』（総本山智積院、平成一九年一〇月）中の「運敞筆跋文釋文」、善養寺・眞保龍敞師の読み下し文を全面的に参照。なお総本山智積院・御嶽隆佑師から種々のご教示をいただいた。

（４）『四国辺路日記』（伊予史談会編『四国遍路記集』、伊予史談会、昭和五六年、八月）四七頁。
（５）九州歴史資料館編『肥後人吉願成寺』（九州歴史資料館、平成八年三月）五一頁。
（６）同前、二七頁。
（７）同前、五一頁。
（８）同前、五一～五二頁。
（９）犬童播磨守については、人吉市教育委員会からご教示をいただいた。
（10）前掲（５）九州歴史資料館編『肥後人吉願成寺』二六頁・五二頁。
（11）同前、五二頁。
（12）斎藤彦松「梵字紀行・球磨の巻」（私家版、昭和三六年七月）十二頁。
（13）中村瑞隆・石村喜英・三友健容『梵字事典』（雄山閣、昭和五二年四月）九五～九八頁。

あとがき

四国遍路の歴史的な研究に関わりを持ってから、ようやく十年余りになる。その間に拙い論稿を書いては各研究誌に投稿したり、『四国辺路の形成過程』（岩田書院、平成二十四年）と『四国へんろの歴史』（美巧社、平成二十八年）も刊行することができた。現在も相変わらず四国遍路の歴史には関心を寄せており、新出資料の存在やすでに知られていたものの中に、なんとなく気になるテーマも浮上してくる。しかし、まとまりのある文章化もできず、中途半端なものばかりとなっていた。さらに最近になり、かつて発表した拙論についての反論論文などが出てきたことも、何かと気にかかるところである。ひとつづつ、なんとかしなければと思っていたものの、思い通りに進まず、時が経ってしまうばかりである。ならば一冊の本にしてしまえば、一気に片づくと考えて、その方向で進めてみた。まずは十章の論題を揃えることから始めた。できるだけ新出資料を優先することに努めたが、一章あたり原稿用紙四〇～五〇枚としても十章とすれば、四〇〇～五〇〇枚になる。容易なことではないと実感しながらも入稿できたのは、思い立ってから半年ほどで書き上げることができたのは私自身、少々の驚きである。しかし、いつものように校正に手間取り、思いのほか時間がかかり、予定よりも随分と遅れてしまった。ともあれ新出資料を三章ほど掲載でき、また気にかかっていたことも何とかクリアーして、ようやく、ここに上梓の運びとなった。

本書は江戸時代全般の四国辺路の諸相を明らかにすることを目的としたものである。特に新出資料の出釈迦寺版『日記』、安政六年『四国順拝道中略記』、『安政七年～萬延元年納経帳』には、数多くの興味深い事項が確認でき少しは成果を示せた。また納経帳を用いて江戸時代の遍路道の展開を明らかにするとともに「安政の南海地震」と四国遍路との関係を整理、まとめることに努めたが、なんとか目的は達成できたように思う。

さらに江戸時代の四国遍路の中での重要人物も無視できない。まず『四国辺路日記』の著者である澄禅が上げられよう。ついで真念、細田周英、武田徳右衛門などが頭に浮かんだが、本書では澄禅について、今まで語られることのなかった梵字悉曇の能書家としての本来の人物像を示したが、まだまだ十分ではなく、さらに今後に期したいと考えている。細田周英については拙著『四国辺路の形成過程』で、すでに詳しく述べたので本書では取り上げなかった。武田徳衛門については喜代吉榮徳師や小松勝記氏の優れた論考があり、筆者が新たに述べるものはない。残りは大法師真念である。真念の詳しい人物像は容易に判明しがたいが、大坂寺嶋に本拠をおき、高野山との関係も密接であった。そして遍路道に道標を建立、遍路屋の設置、『四国辺路道指南』の発刊、そして四国の霊場を二十度あまりも巡ったということまでは分かっている。それにしても真念は何のために四国遍路を数多く巡ったのであろうか。大法師という僧侶としての身分を考慮すれば、真言密教における加行や伝法灌頂は受けておらず正式の密教僧（阿闍梨）とはいえず（浅井證善『へんろ功徳記と巡拝習俗』参照）、四国内の霊地・霊山で虚空蔵求聞持法などの密教の修行を行っていたとは考えにくい。さて真念とほぼ同時期に大淀三千風が四国辺路して『四国辺路海道記』を残したが、その記によれば、あるとき西念という四国辺路に精通した修行者と遭遇した。そして三千風はこの西念の道案内でしばらく旅を続けたのである。つまり元禄時代頃以前は、まだまだ先達が必要な四国辺路であったとみられよう。このことを前提に真念の人物像について考えてみた。本書三十三頁の図は真念『四国辺路道指南』（瀬戸内海歴史民俗資料館本の序九丁裏、序又九丁表・以下『道指南』）の図である。ここには男女六人がみられるが、おそらく遍路姿の四人は二組の経済的に裕福な夫婦であろうか。天秤棒を担ぐのは荷物を運ぶ強力である。そして先頭に位置し、後ろを振りかえる僧侶姿の人物は道案内人、つまり先達と考えてみた。そして、この人物こそ真念その人ではなかろうかと思いついたのである。つまり四国遍路の先達としての真念で、『道指南』の中に自らの姿を掲示したのではないかと想定した。このことは確たる証拠があるわけではなく、筆者がここ十年余りの四国遍路の歴史的研究からの単なる思いつきである。さらに想像を逞しくして真念をみてみたい。高野山との関係が密接であることは間違いないが、山内のどこかの寺院に属して修行や宗教的な活動をしていたとは考えづらい。なぜなら高野山・宝光院の高僧・寂本に促され、奥院の洪卓とともに『四国遍礼霊場記』の資料集めに奔走したことを考慮すれば、おそらく奥院のあたりで他の法師、大法師などともに、何らかの活動をしていたことが推察されよう。そこで思いついたことがある。当時、高野山は全国各地から参詣する人が数多くいた。その中には四国遍路を希望する者もいたであろう。どのような方法であるかは分からないが、四国遍路を希望する大師信者に積極的にアプローチしていたのではなかろうか。その結果として先記した『四国辺路道指南』の挿図にみられる先達としての真念が本来像ではないかと考えてみたのである。何度も先達として四国を巡るうちに、迷いやすい遍路道に道標を建て、宿泊所としの善根宿の存在を示し、札所と札所の距離や目印などを記録した極めて実用的なガイドブックとしての『道指南』の刊行を企画したのではなかろうか。そこには出釈迦寺・宗善の存在が無視できない。

以上は筆者の想像した真念の人物像である。明確な資料に基づくものでないことから本文で触れるには、いささか躊躇され、場違いであることは承知しているが、ここに記した次第である。江戸時代の四国遍路を語るとき、真念の業績はまことに大きく、偉大である。しかし、いつどこで生まれ、誰のもとで得度し、どこで修行したのかは全く不明である。今後ともこのあたりのことが明らかになることはかなり難しいであろう。それが真念の実像とみている。しかし何らかの形で、人物像を明らかにすることが、四国遍路研究の大きな課題でもあるが、なにぶんにも根拠となる資料が見つからないのがネックで、今後の新出資料を切に願うばかりである。

さて先記したように、本書は十章の項目で構成するつもりで進めていたが、一つだけ、どうにもまとめることができず、再校の段階で没にした論稿がある。その一つとは六十六部に関わる納経帳のことである。六十六ケ国の数百件に及ぶ「納経受け取り状」の国別、経典名、納経先などを整理・分析するが、何度計算してもその数がうまく合わない。計算が合わないままに発表するわけにはいけない。そして四国遍路と六十六部行者との関係も明確に導き出せない。そのようなことで、仕方なく没にした次第である。急遽、代わりの論稿を書くことも考えたが、すぐには見つからずついに断念し九章となった。

本書に掲載の拙論は一部を除き新稿で構成したが、入稿から発刊までを担当してくれた（株）美巧社の田中一博氏から初稿の段階で、全体的に少し難しいとの評をえていた。そこで一章ごとに本文を要約した概説を設け、それを読めば少しは分かり易くなるのではと考えてみたのである。まずは概説を読んでいただければ、本文の内容がかなりの程度、理解できるように、やや詳しく書いた。この試みは蛇足とのそしりを受けないかと、いささか心配ではあるが、是非とも概説を読んで頂きたい。

最早や古希をはるかに過ぎた。体力も思考能力も日々に衰えてくるのを実感する今日この頃である。さらに原稿を書く気力も徐々に薄れ、机に向かう時間が少なくなった。ただ没にした六十六部の納経帳のことが気にかかる。皮肉なことだが、最近になって新たな興味深い遍路資料も入手した。あわよくば本書の続編を著すことができれば望外の幸せである、などと考えているが、どのようになるか私自身にも想定しにくい今年の春である。

最後になったが、本書出版に際し関係者には有り難いご協力をたまわりましたことに深く感謝申し上げるとともに、今回も（株）美巧社・田中一博氏には入稿から校正、発刊まで心あたたく進めて頂き厚く御礼を申し上げる次第である。

令和三年五月二十一日

武田和昭

著者紹介
武田 和昭（たけだ・かずあき）

昭和23年　香川県生まれ
昭和46年　高野山大学文学部卒業
現在　円明院住職
著書・論文
『星曼荼羅の研究』（法蔵館、平成７年）
『増吽僧正』（総本山善通寺、平成17年）
『四国辺路の形成過程』（岩田書院、平成24年）
『四国へんろの歴史』（美巧社、平成28年）
「香川・常徳寺の涅槃変相図について」（『仏教芸術』196号、毎日新聞社、平成３年）
「和歌山・浄教寺蔵涅槃図について」（『MUSEUM』490号、東京国立博物館、平成４年）など

江戸時代の四国遍路を読む

2021年６月15日　初版発行
著　者／武田　和昭
発行者／池上　晴英
発行所／株式会社　美巧社
〒760-0063　香川県高松市多賀町１丁目８-10
TEL：087-833-5811　FAX：087-835-7570

定価はカバーに表示してあります。　印刷・製本　㈱美巧社
落丁・乱丁の場合はお取り替えいたします。